André TOUZET

L'EMPRUNT NATIONAL DE 1917

EN INDOCHINE

HANOI

LA REVUE INDOCHINOISE

1918

L'EMPRUNT NATIONAL DE 1917

EN INDOCHINE

Un câblogramme du Département du 28 octobre 1917, parvenu à Saïgon le 30, apportait au Gouverneur Général de l'Indochine le texte de la loi du 26 octobre 1917 concernant l'émission d'un emprunt en rentes 4 %. Un autre câblogramme du 4 novembre, parvenu à Saïgon le 6, donnait le texte du décret du 4 novembre fixant les conditions du nouvel emprunt que la loi du 28 octobre n'avait pas précisées. L'ouverture de l'emprunt étant fixée au 26 novembre, le Chef de la Colonie n'avait qu'un délai très court de seize jours pour préparer cette opération financière. Déjà en 1915 et 1916 un temps insuffisant avait été laissé à cet effet aux Gouverneurs Généraux d'alors, MM. Roume et Charles, qui avaient dû se plier aux circonstances.

Plus jeune, plus impulsif, M. Albert Sarraut aborda avec entrain l'épreuve qu'avaient subie ses prédécesseurs. « Formez, câblait-on, le 6 novembre, des comités généraux ou locaux qui, d'accord avec les représentants autorisés du commerce, de l'industrie, etc. détermineront les meilleurs moyens de propagande ». A cette date, pour un pays comme l'Indochine, c'était ignorer de propos délibéré le temps et la distance et donner des conseils impossibles à suivre.

Deux semaines étaient laissées au Gouverneur Général pour se « débrouiller ». Dans quelle mesure sa tâche allait encore se compliquer, c'est ce que va montrer l'examen de la situation de la Colonie avant la souscription.

I° — Situation politique, économique et financière de la colonie avant la souscription.

Les incidents graves de la politique intérieure métropolitaine pendant les mois d'octobre et de novembre 1917, incidents que l'éloignement de la Mère-Patrie permet difficilement d'apprécier à leur juste valeur, n'avaient pas été sans troubler profondément les esprits. La succession des crises ministérielles, toujours plus fréquentes, et aussi plus pénibles dans les moments graves que traverse la Patrie, avaient apporté dans ce pays une certaine inquiétude, un certain désarroi. L'autorité et le prestige qui s'attachent à la personne du Président du Conseil Clémenceau ont rétabli la confiance.

De tout temps les populations indigènes ont été très attentives aux événements d'Europe. On a déjà souvent souligné la rapidité avec laquelle volent les nouvelles dans des pays dépourvus de moyens modernes de communications. Ce goût de l'information, ces procédés mystérieux de propagation devaient se développer pour les opérations militaires qui sont suivies par les indigènes avec un intérêt passionné.

L'échec de l'attaque anglaise sur Cambrai, le recul italien, l'effondrement de la puissance militaire de la Russie et les négociations de paix ouvertes par cette nation avaient créé un sensible malaise en Indochine où tous les cœurs, français et indigènes, battent au même rythme que ceux de la Mère-Patrie. — Il n'est pas jusqu'à l'état anarchique de la République Chinoise qui, en paralysant les transactions commerciales, n'ait eu un contre-coup sur les dispositions des sujets chinois, nombreux en ce pays et par voie de conséquence sur les Annamites en relations d'affaires avec eux.

Au point de vue économique, d'autre part, tous les pays de l'Union, sauf peut-être le Laos, se trouvaient durant les mois qui ont précédé l'emprunt dans une situation qui paraissait devoir amoindrir leurs facultés financières. La Tonkin a subi au mois d'août 1917 de graves inondations qui ont détruit une partie des récoltes de huit des plus riches provinces du delta. Inondations dans le Nord-Annam, typhons désastreux dans le centre et le Sud-Annam, inondations violentes dans le nord du Cambodge, mévente des poivres et arrêt de l'exportation du bétail vers Manille pour le reste du royaume Kmer, vente à faible prix du paddy, qui est la principale et presque l'unique richesse de la Cochinchine : on peut dire que l'Union Indochinoise entière subissait une crise véritable, encore que passagère, au moment où a été annoncé l'Emprunt national de 1917.

Au point de vue financier, les opérations de souscriptions allaient se trouver contrariées pour diverses raisons.

En premier lieu, l'époque choisie pour l'emprunt était défavorable. Dès novembre, l'indigène se préoccupe d'amasser les sommes nécessaires pour payer les contributions de l'année qui vient. Un double effort d'épargne est au-dessus de ses facultés.

En deuxième lieu, à cette même époque, l'Annamite met déjà de côté les sommes qu'il gaspillera pour les fêtes du Têt.

Enfin en dernier lieu, les variations du change de la piastre, incompréhensibles pour les indigènes et fort gênantes pour les Européens apportèrent une nouvelle entrave à la réalisation des souscriptions. Le taux officiel du change de la piastre qui était à 4 fr. 20 le 1er septembre, s'élevait progressivement jusqu'à 4 fr. 55 du 19 au 26 septembre, pour retomber brusquement à 4fr. 50 le 27, à 4 fr. 30 le 28, à 4 fr. les 29 et 30 septembre. Après être demeuré stationnaire jusqu'au 9 octobre, le taux du change parcourait une nouvelle étape de baisse du 10 au 23 octobre, s'effondrant de 4 fr. à 3 fr. 50, pour se relever lentement depuis jusqu'à ce jour. Ces bourrasques de change avaient amené d'importants rapatriements de fonds que la Banque de l'Indochine évaluait pour sa propre part à seize millions de francs pour l'ensemble de l'Indochine.

A la veille de l'emprunt, l'opinion générale, à la Colonie, était « qu'il n'y avait pas d'argent, » qu'il n'y en avait ni chez les Européens parce qu'ils l'avaient rapatrié, ni chez les indigènes, principalement parce qu'ils n'avaient pas vendu le paddy de la dernière récolte alors qu'ils allaient avoir à engranger la nouvelle.

Telle était la situation peu encourageante en face de laquelle se trouvait le Gouverneur Général le 6 novembre 1917. Pouvait-il escompter la modifier en deux semaines? Lui seul sans doute l'a cru et les événements lui ont donné raison. M. Albert Sarraut possède à un haut degré cette qualité psychologique à la faveur de laquelle l'énergie est surexcitée en raison directe des difficultés rencontrées. Elle allait puissamment le servir.

IIo — Action personnelle de M. Albert Sarraut.

Résolument, hardiment, le Gouverneur Général prend en main la « conduite » de l'emprunt. En vain lui fait-on remarquer le peu de temps dont il dispose, la difficulté des communications entre les divers pays de l'Union : peu ou pas de navires, rupture simultanée et très malencontreuse du câble et du fil par terre qui unissent la Cochinchine à l'Annam et au Tonkin. Peu lui importe : il goûte l'aventure, et ne considère rien comme impossible. En France, avec la faculté des communications postales, télégraphiques et téléphoniques, avec toutes les ressources en caractères typographiques, en papier, etc... avec le concours d'hommes et d'agences spécialisés, avec une presse innombrable, on peut en quelques jours créer un large mouvement d'opinion dans une population parfaitement instruite de son devoir et du but poursuivi par l'appel au crédit national ; il n'en est pas ainsi en Indochine où l'Européen, plus qu'ailleurs, à un besoin constant de capitaux et où l'indigène malgré les deux emprunts précédents n'est nullement préparé à des sollicitations de ce genre que la masse ne comprend pas.

Dès le 6 novembre les textes de la loi du 26 octobre et du décret du 4 novembre 1917 sont communiqués à MM. les Chefs d'Administration locale : voilà pour l'intérieur. Mais l'Indochine est aussi le centre du rayonnement français en Extrême-Orient : loi et décret sont adressés à tous nos agents diplomatiques et consulaires en Chine, au Japon, au Siam, aux Philippines, aux Straits Settlements, aux Indes néerlandaises et anglaise. Comme d'un balcon penché sur le Pacifique la France fait signe à tous ses enfants éparpillés en Extrême-Orient.

A la Colonie tout le monde devra prêter son concours. Au premier rang de toutes les mesures que le Gouverneur général préconise se place la propagande personnelle des fonctionnaires. Il considère lui-même comme de son devoir de donner l'exemple et de mettre sans réserves au service de l'emprunt tout le crédit et toute l'autorité qui s'attachent aux hautes fonctions dont il a la charge. Il convoquera successivement dans son Cabinet les représentants du haut commerce local, les chefs des congrégations chinoises et les chettys. Au cours de ses tournées dans l'intérieur du pays qu'il multipliera volontairement, il ne cessera dans ses al ocutions de rappeler à chacun son devoir. Il invitera tous ses collaborateurs de premier rang à suivre le même exemple et cette action de propagande jointe aux effets d'une politique dont l'indigène apprécie le libéralisme n'a sans doute pas été étrangère à un résultat qui a décuplé le nombre des souscripteurs de l'année 1916.

Et voici le magnifique appel, tout frémissant de patriotisme que lance le Chef de la Colonie.

Gouvernement Général de l'Indochine.

Aux habitants de l'Indochine !

La France en guerre renouvelle un confiant et légitime appel aux ressources du crédit public. A ses enfants, à ses amis, à tous ceux qui, dans le monde, ont le cœur assez haut pour comprendre la grandeur sublime de sa lutte, elle demande de l'aider encore à soutenir jusqu'à la victoire le suprême combat qui sauvera l'humanité.

Français d'Indochine, fils indigènes de la Nation bienfaitrice, hôtes étrangers qui recevez sur ce sol sa large hospitalité, aucun de vous n'a le droit de rester sourd à cet appel.

Tous, vous devez souscrire. Vous devez tous donner tout ce que vous pouvez donner. Votre conscience l'exige. Votre intérêt le commande. Nul ici ne saurait refuser à la France le concours qu'elle attend de ceux mêmes dont elle défend la vie, la liberté, les espérances, la fortune, l'avenir.

Depuis plus de trois ans, notre Patrie endure des douleurs sans nom. Nous ne connaissons pas ici les mêmes souffrances. Son territoire est rouge de sang et la bataille ravage ses cités. Ici, nos villes sont paisibles et nos jours ne sont pas en danger.

Nos frères de France se privent de tout et rationnent jusqu'au lait de leurs enfants. Ici, nous mangeons à notre faim, et nos petits, chaque soir, s'endorment heureux près de nous. Demain, le terrible hiver meurtrira dans la boue glacée des tranchées les stoïques héros qui se font tuer pour nous. Ici, nous vivrons à l'abri, dans le bien-être et la douceur du foyer.

Un tel contraste accablerait nos consciences si nous ne prenions pas notre part du combat sacré. Nous n'oserions plus regarder en face le visage de la Patrie victorieuse : nous sentirions nos fronts rougir devant ceux qui l'auront sauvée. Il faut combattre, nous aussi. Nous n'avons, en ce moment, qu'une façon de le faire : c'est de donner notre argent. C'est de fournir à nos soldats des canons, des fusils, des obus, des vêtements, des vivres. C'est d'apporter à la Patrie des forces qui exalteront encore son inflexible volonté de vaincre.

Fonctionnaires qui, chaque mois, touchez vos soldes régulières, commerçants dont les impôts de guerre n'ont pas frappé les bénéfices, agriculteurs et colons dont la France protège le patrimoine et les moissons, indigènes qui jouissez de la paix française et de sa civilisation de liberté, vous tous qui serez restés saufs au milieu du plus effrayant cataclysme de l'histoire,

Prêtez à la France tout votre argent,
Prêtez à la Patrie tous vos moyens.

Quand le salut de la France est en cause, c'est votre salut même qui est en jeu.

La Nation compte sur vous. Votre frère des tranchées attend vos munitions. L'ennemi, de son côté, vous observe et vous épie, pour savoir ce que vous allez faire.

La France le sait d'avance. Elle connaît l'admirable cœur de l'Indochine. Elle n'a jamais en vain fait appel à son patriotisme Elle sait ce que votre générosité a déjà souscrit aux premiers emprunts. Elle sait que vous ferez mieux encore, car il s'agit aujourd'hui d'organiser le suprême effort de la Victoire libératrice. Je me porte garant devant la Patrie de votre élan d'amour filial. J'ai dit au Gouvernement de la Défense Nationale qu'il pouvait compter sur vos souscriptions.

J'ai foi en vous pour faire honneur à la parole engagée en votre nom.

Vive la France ! Vive l'Indochine française !

Le Gouverneur Général,
Albert SARRAUT

III° — Mesures économiques pour favoriser le succès de l'emprunt.

La plus belle proclamation est destinée à demeurer sans effets si on ne facilite pas aux populations les moyens d'y répondre.

Pour parer à la situation difficile de la Colonie, des mesures s'imposaient.

Quelle que faible que soit généralement l'action gouvernementale sur les phénomènes d'ordre économique, il fallait cependant essayer d'alléger le marché du paddy qui souffrait d'engorgement par suite de la médiocrité des exportations. Le Gouverneur Général prescrivit au Service du Ravitaillement de multiplier ses achats pour la Métropole et pour les colonies françaises clientes de la Cochinchine. Il eut la satisfaction de voir les cours du paddy se relever de 1 $ 75 à 2 $ et 2 $ 05 le picul, prix considéré comme rémunérateur pour les riziculteurs. Le marché retrouva une activité qui contrastait heureusement avec l'atonie précédente. D'abondantes rentrées d'argent eurent lieu qui furent remployées en titres du nouvel emprunt.

Les planteurs de café et de thé de l'Annam, les planteurs de poivre du Cambodge rencontraient des difficultés pour l'écoulement de leurs produits par suite d'une part de la hausse des frets, et d'autre part de l'élévation du taux de la piastre. Ce taux élevé cause en effet une diminution considérable de la valeur en piastres de la marchandise vendue en francs, étant donné que les prix en francs n'ont pas augmenté. Sur les ordres qui lui avaient été donnés par le Gouverneur Général, le Service du Ravitaillement et des Transports envoya des échantillons de café, de thé et de poivre au Ministre du Ravitaillement en lui demandant de rechercher les moyens qui permettraient des achats directs aux colons indochinois. En même temps le Gouvernement Général de l'Indochine a mis à la disposition du commerce, sur les premiers navires de la flotte indochinoise partis pour France, le fret suffisant pour dégager le marché du poivre ; il aurait pris des dispositions pour le café.

IV° — Mesures de publicité pour favoriser le succès de l'emprunt.

Tous les efforts du Gouverneur Général ont porté sur la publicité dont les formes multipliées ont été utilisées d'une façon coordonnée.

Cette publicité active, intense, est sans doute le côté le plus original de la propagande réglée par M. Albert Sarraut. Seul un esprit affranchi de toutes les routines et persévérant dans l'effort pouvait l'imaginer et la conduire.

« Ce ne sont pas vos affiches qui changeront grand'chose, disait-on ; pour les Européens les décisions sont prises, quant aux indigènes ils ne vous comprendront pas ». Ou encore : Je n'ai pas besoin qu'on m'indique mon devoir », grognaient d'autres plus hargneux. « C'est du battage à l'américaine ! etc, etc.....

Il n'y a pas de « battage » quand il s'agit de la Patrie et malheureusement l'Indochine ne dispose pas des moyens techniques et financiers de publicité qu'utilisent ses voisins d'en face les Etats-Unis.

M. Albert Sarraut ne n'est pas laissé détourner de son plan par ces réflexions. Confiant en lui-même il l'a réalisé avec le même esprit de décision qui avait procédé à son élaboration.

Quels procédés a-t-il mis en œuvre ?

1° — *Affiches.* — Dès le 10 novembre dans toute la Cochinchine et un peu plus tard dans les autres pays de l'Union, était affichée la proclamation qu'on a lue ci-dessus. Trois jours après, la même proclamation traduite en quoc-ngu et en caractères était placardée à côté du texte français. C'était là une heureuse innovation qui a d'ailleurs été poursuivie dans toutes les publications concernant l'emprunt. On s'étonne que la publicité ne « rende » pas auprès des indigènes, mais on ne se préoccupe pas de la faire dans la langue qu'ils comprennent ! Qu'une fois par hasard les commerçants puisent un enseignement dans les méthodes gouvernementales. M. Albert Sarraut a poussé le soin jusqu'à faire faire des éditions spéciales pour le Tonkin dont l'idiome populaire diffère de celui de la Cochinchine. Le Cambodge, le Laos et Kouang-Tchéou-Wan firent des traductions en leurs caractères particuliers.

Entre temps, l'Administration du Trésor rédigeait l'affiche technique de l'emprunt : un placard en trois langues pour la Cochinchine et le Sud-Annam, deux placards, l'un français, l'autre en quoc-ngu et caractères, pour le Tonkin. Ces affiches furent répandues par milliers dans tous les pays de l'Union, à l'exception du Laos trop lointain, et on peut affirmer que chaque village a été atteint par cette publicité.

Au Cambodge, S. M. Sisowath a bien voulu adresser à ses sujets la proclamation suivante pour leur recommander de souscrire à l'emprunt

PROCLAMATION

de Sa Majesté à tous Princes, Mandarins de la capitale et des provinces et à toute la population de toutes races du Cambodge.

La grande et généreuse France, notre protectrice, continue de soutenir depuis trois ans une guerre contre l'Allemagne pour défendre la liberté de toutes les nations menacées par l'avidité sans borne de ses ennemis.

Nous savons que les armées françaises, aidées par des contingents alliés de tous les peuples libres, ont réussi à arrêter l'invasion germanique sur le sol de la Mère-Patrie et à la refouler progressivement par des victoires éclatantes.

Il faut maintenant accomplir un suprême effort pour écraser définitivement l'Allemagne et assurer la paix au monde entier.

Déjà, pour aider la France dans ce suprême effort, tous les peuples de l'Asie, et en particulier l'Annam et le Cambodge, ont recruté et envoyé en Europe des troupes de soldats et ouvriers volontaires qui ont fait preuve de courage et de dévouement.

La Chine, le Siam ont déclaré la guerre à l'Allemagne et se préparent à participer effectivement à la guerre. L'Amérique arme des millions d'hommes qui assureront la victoire finale des armées alliées.

Dès maintenant, le succès apparaît certain et l'Allemagne s'efforce seulement de résister le plus longtemps possible pour échapper au châtiment qu'elle mérite.

Pour terminer cette guerre, le plus rapidement possible, il est nécessaire de pourvoir la France de plus de ressources encore. C'est pourquoi un nouvel emprunt est indispensable.

Il faut donc que le Cambodge, protégé par la France depuis cinquante ans, aide toujours la Mère-Patrie en lui prêtant tout l'argent dont peuvent disposer les princes, mandarins et habitants aisés du royaume.

C'est le moyen le plus sûr de témoigner notre reconnaissance et notre cœur loyal envers la nation protectrice, qui assurera ainsi le bonheur à venir pour nos enfants et petits-enfants.

Personne dans le royaume n'a le droit de refuser à la France l'argent dont elle a besoin et qu'elle remboursera avec des intérêts après la fin de la guerre.

Je fais, en conséquence, un appel généreux à tous mes sujets, appel qu'ils doivent accueillir comme un ordre sacré.

Riches ou pauvres, fonctionnaires, cultivateurs ou commerçants, selon vos ressources, prêtez à la France, vous tous qui êtes à l'abri des horreurs de la guerre et dont les biens et les personnes sont protégés par la Mère-Patrie, toujours plus vaillante, plus héroïque et plus glorieuse.

Respectez ceci.

Fait en Notre Royal Palais, à Phnôm-Penh, le 25 novembre 1917.

SISOWATH

Cette proclamation fut accompagnée d'une circulaire du Conseil des Ministres expliquant les conditions de l'opération financière.

CIRCULAIRE MINISTÉRIELLE

Le Conseil des Ministres à tous fonctionnaires de la capitale et des provinces, notables communaux et habitants de toutes races du Cambodge.

Une proclamation de Sa Majesté le Roi du Cambodge, en date de ce jour, a incité tous les Princes, Mandarins et habitants du Cambodge à prouver encore une fois leur loyalisme envers l'Administration du Protectorat français en prêtant (*à intérêt*) à la France tout l'agent dont ils disposent pour lui permettre de terminer rapidement la guerre et assurer par une victoire définitive la paix et le bonheur à tous les peuples.

Le Conseil des Ministres se conformant aux ordres de Sa Majesté, insiste par la présente circulaire pour que tous les habitants du Cambodge se hâtent de répondre à la demande de fonds du nouvel emprunt du Gouvernement français en souscrivant d'urgence les plus grosses sommes qu'il leur sera possible de prêter proportionnellement à la fortune de chacun.

Ces versements des habitants devront être effectués à l'Administration depuis le 26 novembre courant jusqu'au 16 décembre prochain. Des récépissés seront immédiatement délivrés aux souscripteurs pour leur permettre de toucher les intérêts trimestriels et de se faire rembourser leur capital après la guerre.

Chaque titre de rente coûte 68 fr. 60 en monnaie française, ce qui correspond à 17 ou 18 $ 00 en monnaie du pays ; l'intérêt annuel sera de environ 1 $ 00 par an pour chaque titre de 17 $ 00. C'est-à-dire que ceux qui auront prêté 100 $ 00 à l'Administration recevront 5 $ 83 d'intérêt par an.

Les intérêts seront payés par fractions tous les quatre mois : les 16 mars, 16 juin, 16 septembre et 16 décembre.

En ce qui concerne le paiement par les habitants de leur souscriptions à l'emprunt national, ils devront aller acheter leur titre de rente au Trésor unique du royaume à Phnôm-Penh, ou dans les provinces, aux Caisses des Percepteurs et Payeurs de toutes les Résidences avant le 16 décembre, sans faute, car après le 16 décembre l'Administration n'acceptera plus de souscription et l'emprunt sera terminé.

Déjà Sa Majesté se dispose à souscrire une très forte somme, ainsi que les princes et mandarins, commerçants et habitants français, cambodgiens, annamites, chinois de Phnôm-Penh.

Tout le monde veut prêter tout son argent disponible au Gouvernement français pour profiter des intérêts promis et en témoignage de reconnaissance.

Dans ces conditions, le Conseil des Ministres invite toute la population à acheter des titres d'emprunt français 4 % dans la mesure des ressources de chaque habitant tout habitant aisé peut acheter un titre de 18 $ 00, les gens riches doivent en acheter beaucoup, pour plusieurs centaines de piastres chacun. C'est un prêt utile et loyal qui profitera autant aux souscripteurs qu'à la France, notre protectrice, qui soutient depuis trois ans une guerre acharnée pour empêcher les Allemands de tyranniser les autres peuples paisibles.

De plus, les fonctionnaires de l'Administration du royaume qui n'auront pas assez d'argent pour souscrire à l'emprunt, pourront, sur leur demande, obtenir de l'Administration une avance de un ou deux mois de solde. Le Protectorat leur achètera avec cette avance des titres de rente qui leur seront délivrés, ultérieurement. Ces avances de solde seront retenues par quarts sur la solde des mois suivants.

Telles sont les instructions pressantes du Conseil des Ministres conformes aux ordres de Sa Majesté. Que tous les habitants de toutes races du royaume s'y conforment ; nous voulons, comme tous les autres peuples libres et honnêtes, aider par reconnaissance et loyalisme la France à vaincre rapidement ses cruels ennemis.

Phnôm-Penh, le 25 novembre 1917.

SATHAVONG, THIOUNN, PONN, SON-DIEP, CHHUNN

L'emploi des affiches comme moyen de publicité avait été jusqu'ici trop négligé. Ces affiches paraissaient ne devoir donner d'utiles résultats que dans les grandes villes et auprès de la population européenne. Leur diffusion dans les villages les plus reculés parmi des populations non encore fatiguées par la réclame occidentale semble avoir eu les meilleurs résultats puisque le nombre des souscripteurs indigènes a atteint le chiffre énorme de 47.037 soit 77,7 % du total.

2° — *Instructions.* — Entre temps, le Gouverneur général avait consulté les Chefs d'Administration locale et l'Administration du Trésor sur les observations que leur avaient suggéré les précédents emprunts ; il avait aussi demandé leur avis à diverses personnalités appartenant à l'Administration, à la banque et au haut commerce de la Colonie qui se trouvaient heureusement réunis à Saigon au début de novembre 1917, à l'occasion d'un Conseil de Gouvernement.

Les renseignements ainsi recueillis furent largement utilisés dans la rédaction d'instructions qui furent adressées à tous les fonctionnaires de la Colonie, et dont eurent connaissance les Européens et les Indigènes par le fait de leur diffusion en brochures ou de leur publication dans tous les journaux français et annamites.

Ces instructions remarquables par leur fermeté, leur énergie, leur sobre précision sont bien celles qu'on pouvait attendre du Chef auquel le Gouvernement de la République a confié les destinées de la Colonie.

Le Gouverneur Général de l'Indochine, à MM. les Chefs d'Administration locale et MM. les Chefs de Service de la Colonie.

Pour la troisième fois, depuis le jour où l'agression infâme d'une race de proie l'a obligée, pour le salut de la liberté humaine, à soutenir la guerre la plus terrible et la plus sanglante que l'histoire ait jamais connue, la France fait appel au crédit public. Elle demande à ses enfants, à ses fils d'adoption, à ses amis, à tous ceux aussi qui, sur ses territoires d'Europe et d'outre-mer bénéficient, pour le développement de leurs entreprises, des avantages de la protection française, de lui prêter les subsides qui lui permettront de mener jusqu'à la victoire la lutte gigantesque que poursuit son héroïsme indomptable.

En m'adressant télégraphiquement le texte, que je vous ai communiqué, de la loi du 26 octobre 1917, décrétant l'émission d'un emprunt de 10 milliards en rentes 4 %, M. le Ministre des Colonies m'a invité à faire immédiatement une propagande active auprès des populations et des fonctionnaires en vue du succès de cette émission. « Je tiendrai personnellement le plus grand compte des résultats obtenus à ce sujet », déclare le Chef du Département ; et il ajoute : « Il est plus utile que jamais que tous fassent l'effort maximum pour procurer au pays les ressources indispensables à sa défense et à sa victoire ».

Je n'ai pas à vous répéter l'importance capitale qui s'attache à ce que l'émission de cet emprunt en Indochine se traduise non seulement par des élans déjà certains, mais par un large succès résultant aussi bien du nombre que de l'importance des souscriptions. L'accueil que les Français de France et des colonies auront fait à l'appel de la Patrie donnera, pour une grande part, à nos ennemis la mesure de la résolution nationale et de la force que notre pays peut consacrer à son inflexible volonté de vaincre. Il faut donc que chacun de nous, du plus humble au plus haut placé, comprenne bien que la souscription à l'emprunt est pour lui une obligation catégorique et l'accomplissement d'un devoir auquel nul n'a le droit de se soustraire. Même si pour certains la souscription est minime, parce qu'ils ne peuvent faire davantage, ils ne doivent pas hésiter à l'apporter : quel que soit son chiffre, elle constituera un acte d'une valeur essentielle.

Dans une lutte où le crime de l'agresseur met en péril l'existence même de la Patrie, tout Français n'a qu'un droit et qu'une consigne : montrer son inébranlable détermination de donner au Gouvernement national et à son armée les moyens d'arracher la victoire à des ennemis qui ont juré notre esclavage et notre ruine.

Il faut aussi que tous nos concitoyens sachent que leur devoir impérieux est non seulement de souscrire, mais de souscrire jusqu'à concurrence du total de leurs disponibilités. Pour apporter au pays des ressources aussi fortes que possible, ils doivent résolument restreindre le budget de leurs dépenses personnelles et supprimer toutes les dépenses somptuaires qui ne sont pas pour leur vie matérielle une absolue nécessité. Les populations de la France, soumises à un régime de restrictions dont nous ne connaissons pas ici les rigueurs croissantes, nous donnent à cet égard un exemple qui doit être notre loi.

En ce qui touche nos sujets et protégés, le devoir qui leur est tracé par l'appel de la France bienfaitrice ne saurait être davantage incertain, ni discutable. Ils doivent répondre à cet appel dans toute la mesure de leurs moyens. Les progrès de toute sorte répandus par nous dans ce pays, les réformes généreuses d'une politique libérale, la fécondité d'un vaste effort économique qui les enrichit tous les jours, ne sont pas plus ignorés des populations indigènes que notre intention de persévérer dans nos desseins de haute civilisation. Il appartient aux indigènes de marquer la reconnaissance qu'ils doivent à la nation protectrice en l'aidant de leurs ressources à remporter la victoire. C'est leur intérêt autant que leur devoir. Les plus éclairés d'entre eux ne s'illusionnent pas sur le sort qui serait réservé à leur pays si la cause que défendent la France et ses Alliés était trahie par le Destin et la défaillance des volontés. Cette guerre n'est pas un épisode de la rivalité historique des divers peuples ; elle a réveillé, avec une violence jusqu'à présent inconnue, le conflit éternel et insoluble entre deux principes irréductibles, entre deux manières de comprendre aussi bien les rapports des peuples avec leurs gouvernements que les rapports des peuples entre eux. C'est la lutte entre le libéralisme et l'indépendance nationale, d'une part, et l'autoritarisme et l'impérialisme, d'autre part. Un tel combat, qui décidera du sort de l'Univers, ne peut laisser indifférents nos sujets et protégés, et ils ont l'intérêt le plus direct au triomphe des Alliés. On a pu dire avec raison que la France, dans cette guerre, se battait non seulement pour elle, mais aussi pour les neutres ; *a fortiori*, se bat-elle pour ses colonies et les races sur lesquelles s'étend sa protection tutélaire.

Quant aux hôtes de l'Indochine qui sont les ressortissants étrangers de pays neutres ou alliés, je sais qu'il ne leur échappera pas que c'est pour eux un devoir de gratitude, autant que de haute convenance, de participer largement aux souscriptions de cet emprunt. Beaucoup d'entre eux ont ici leurs principaux intérêts. Ils n'ignorent pas que la victoire de la France est la condition même de la sécurité future de leurs entreprises, comme notre souveraineté dans ce pays a été, dans le passé, la cause efficiente du développement de leurs affaires. Je compte, en tout cas, que vous ne manquerez pas de soumettre ces justes réflexions à nos hôtes étrangers et de leur indiquer que je me tiendrai au courant des résultats pratiques dont vos suggestions auront été suivies.

C'est en vous inspirant de ces considérations d'ordre général que je vous demande d'appliquer, dans votre sphère d'action, à la réussite de l'émission prochaine, le dévouement de toute heure, l'énergie inlassable, l'activité totale dont je vous sais capables.

Dès l'heure présente, et jusqu'au jour de la clôture des souscriptions, vous ne devez pas avoir de préoccupations plus impérieuses, de souci plus pressant, de labeur plus urgent que la propagande de parole, d'action et de démarches en faveur de ces souscriptions. La campagne de large publicité organisée par le Gouvernement Général dès le lendemain du vote de la loi, avec le généreux concours de la presse locale, les affiches partout apposées, les commentaires, les explications, les précisions déjà fournis au public français et indigène par une vulgarisation de documents qui va se poursuivre activement, ont depuis trois semaines préparé le terrain pour votre action personnelle. Je vous demande instamment de consacrer à cette tâche première l'intégralité de vos efforts, comme je le fais moi-même, et d'exiger du personnel sous vos ordres de suivre avec la même ardeur l'exemple que vous allez donner.

Mesures spéciales.

Pour faciliter votre tâche et celle de vos collaborateurs, je crois devoir, tout en laissant une grande latitude aux suggestions de votre propre initiative, vous fournir un certain nombre d'instructions qui vous serviront de guide.

Mettant à profit les enseignements dégagés de l'émission en Indochine des emprunts de 1915 et de 1916, j'ai envisagé une série de mesures, d'ordre technique ou politique, de nature soit à favoriser les souscriptions, soit à remédier à tels inconvénients qui m'ont été signalés.

1° — *Mesures d'ordre technique et financier.*

A. — Certains souscripteurs, surtout les souscripteurs indigènes, ont été, me dit-on, quelque peu lassés et déconcertés, lors des précédents emprunts, par les démarches répétées auxquelles ils ont été obligés pour entrer en possession de leurs titres définitifs.

Pour l'emprunt de 1915, qui a été émis du 29 novembre au 15 décembre, les souscripteurs n'ont reçu leurs titres définitifs que le 20 août 1916, soit après huit mois d'attente et deux démarches. Pour l'emprunt de 1916, émis du 5 au 29 octobre, les souscripteurs n'ont pas encore reçu leurs titres, après treize mois d'attente et trois démarches, avec une quatrième en perspective : 1° délivrance d'un récépissé de souscription ; 2° échange du récépissé contre un titre provisoire ; 3° échange de ce titre provisoire contre un nouveau récépissé ; 4° échange de récépissé contre le titre définitif. Encore ces démarches se compliquent-elles pour les indigènes d'allées et venues accessoires pour l'obtention des pièces d'identité nécessaires, leur rectification, timbrage, visa, etc...

Pour éviter au public ces pertes de temps et les dépenses qu'elles entraînent, j'ai câblé, dès le 2 novembre, à M. le Ministre des Colonies pour le prier de demander au Ministère des Finances l'échange direct du récépissé de souscription (auquel serait donné la valeur d'un certificat provisoire) contre les titres définitifs. Aucune réponse ne m'étant encore parvenue, j'ai rappelé cette demande le 18 novembre. Je la renouvellerai encore, s'il le faut et vous tiendrai au courant du sort qui lui aura été réservé. (1)

Au cas où elle n'aurait pas de suite, il vous appartiendra, par des mesures locales, de remédier aux inconvénients sus-exposés en vous pénétrant essentiellement de l'idée qu'en cette circonstance plus que dans toute autre, l'Administration doit se montrer accueillante et mettre en œuvre tous les moyens dont elle dispose lorsqu'il s'agit de faciliter aux indigènes des opérations à la fois nombreuses et complexes. La surcharge certaine de travail que va provoquer l'emprunt ne crée pour aucun fonctionnaire ou agent une excuse aux rebuffades ou même au simple défaut de complaisance.

B. — Les Trésoriers de la Colonie peuvent en tout temps effectuer toutes opérations sur les titres nominatifs de rente. Ils ne le peuvent pas sur les titres au porteur. Le refus par les Trésoriers de transmettre au Ministère des Finances les titres au porteur sur lesquels les souscripteurs aux précédents emprunts ont voulu faire des opérations (ventes, renouvellements, conversions en titres définitifs) a provoqué les protestations de ces souscripteurs.

Dès le 31 octobre dernier, j'ai demandé à M. Ministre des Colonies d'obtenir du Ministère des Finances l'autorisation pour les Trésoriers de la Colonie

(1) Cette proposition a été acceptée par M. le Ministre des Colonies.

d'effectuer toutes opérations sur les titres au porteur. L'entremise purement gratuite de ces agents aurait pour effet certain d'écarter tels intermédiaires véreux qui en exagérant les difficultés et les frais d'envoi, ont pu naguère effectuer sur place des achats à vil prix. J'ai réitéré le 18 novembre mon télégramme du 31 octobre.

Quelle que soit la suite donnée à ma demande, vous vous abstiendrez de dire aux indigènes, comme on l'aurait fait, paraît-il, précédemment, que les titres de la Défense Nationale sont des billets de banque. C'est une hérésie financière ; un titre de prêt rapportant intérêt n'est pas une monnaie ; c'est une hérésie dangereuse parce qu'elle provoque des déceptions et donne à l'indigène l'impression que sa bonne foi a été surprise.

Vous leur expliquerez que le titre qu'ils auront entre les mains sera toujours négociable, mais que la négociation devant avoir lieu en France, un délai d'environ quatre mois s'écoulera nécessairement entre le moment où ils auront déposé leurs titres au Trésor et celui où ils seront mis en possession de leurs fonds.

Aussi ne devrez-vous pas engager les indigènes à souscrire au delà de disponibilités dont ils n'auront pas un besoin immédiat.

C. — Il m'a été signalé que, lors des précédents emprunts, certaines personnes s'étaient étonnées de l'inégalité du traitement fait, dans la délivrance des titres, aux souscripteurs au Trésor et aux souscripteurs à la Banque de l'Indochine. Le Trésor remet en effet les titres sans aucuns frais ; la Banque, au contraire, exige des frais de port et d'assurances assez élevés (13 °/₀) pour le transport des titres de France en Indochine. Il en résulte que ceux qui ont souscrit à la Banque de l'Indochine ont payé un titre d'égale valeur plus cher à la Banque qu'au Trésor, et se sont crus lésés.

Vous ferez observer que si l'Etat prend à sa charge les frais de port et d'assurances, il ne peut pas contraindre une institution privée (Banque de l'Indochine, Banque Industrielle de Chine, etc....) à faire de même. Il est loisible, d'ailleurs, aux souscripteurs de la Banque de l'Indochine d'éviter ces frais en laissant leurs titres en dépôt au siège social de Paris. S'ils préfèrent que leurs titres leur soient livrés en Indochine, il ne peuvent être fondés à se plaindre des exigences d'un intermédiaire onéreux, puisqu'ils le préfèrent à l'intermédiaire gratuit qui est à leur disposition.

D. — Je vous avise enfin, qu'à la suite d'un accord entre le Trésor et la Banque de l'Indochine, il a été décidé que le change des souscriptions serait calculé à un taux journalier uniforme. Ce taux journalier identique au Trésor et à la Banque sera par faveur de 0 fr. 025 supérieur au taux normal de la Banque pour les traites à vue sur Paris.

2° — *Mesures d'ordre politique.*

A. — J'ai décidé la suppression de la retenue volontaire de 5 °/₀, sur le montant total des traitements des fonctionnaires qui avait été consentie antérieurement au profit des œuvres de guerre.

Cette idée très généreuse, en principe, est devenue dans la réalité d'une application difficile ou inégale. Bon nombre de fonctionnaires qui l'avaient acceptée ont été rapatriés ; les nouveaux venus ne se sont pas soumis à cette retenue, ayant déjà affecté une part de leur solde à des offrandes versées en France ; des fonctionnaires promus à une classe supérieure ne subissent la retenue que sur leur ancien traitement ; beaucoup ont, d'autre part, contracté des engagements envers des œuvres de guerre auxquelles ils préfèrent envoyer directement leurs subsides, parce que certaines leur paraissent plus spécialement dignes d'intérêt. Bref, le jeu de ces donations volontaires est complètement faussé : mieux vaut les supprimer, en laissant à la conscience de chacun le soin et la destination de ces offrandes libres.

B. — En vue de faciliter aux fonctionnaires l'accomplissement de leur devoir, j'ai décidé qu'une avance d'un mois ou de deux mois de solde, selon le choix personnel, serait accordée à ceux qui prendront l'engagement d'en affecter le montant à l'emprunt. Cette avance sera recouvrable sur les mensualités suivantes par quarts.

C. — Ces deux mesures de faveur venant s'ajouter à d'autres avantages dont les fonctionnaires et agents ont déjà bénéficié, notamment l'élévation de 5.000 à 8.000 francs de la portion de solde abondée, ont, comme contrepartie naturelle, le devoir formel et absolu pour tous, à tous les degrés de la hiérarchie, de donner à l'emprunt tout ce qui ne leur sera pas strictement et immédiatement nécessaire. Si je leur demande plus loin leur concours pour une propagande par la parole, ils ne doivent pas oublier que rien ne vaut mieux que de « prêcher d'exemple ». Européens et indigènes les observeront. Moi aussi.

Un fonctionnaire dont les charges sont normales et qui souscrira pour une somme égale à une ou deux mensualités de sa solde, aura fait son devoir correctement ; mais ceux qui, pouvant donner davantage, ne le feraient pas, ne l'auraient pas complètement rempli ; par contre, il n'entre pas dans ma pensée d'imposer des privations à ceux qui, dans les grades inférieurs, entretiennent avec des soldes modestes une famille nombreuse. L'heure des sacrifices suprêmes n'est pas encore venue : nous verrons si elle vient, ce qu'il faudra faire ; le mieux, d'ailleurs, pour éviter qu'elle sonne, est de donner *dès à présent tout* ce qu'on peut donner.

Certains m'ont entretenu de leur intention de souscrire en France à l'emprunt national. Il ne m'appartient pas de déconseiller des souscriptions en quelque endroit et en quelque forme qu'elles se produisent ; mais il me sera difficile, dans ce cas, de discerner ceux qui seront sincères de ceux qui ne le seront pas.

Pour reprendre les propres paroles de M. le Ministre des Colonies, « je tiendrai le plus grand compte des résultats obtenus » ; je ne pourrai à aucun moment faire état des souscriptions qu'on aura déclaré avoir versées dans la Métropole. Il s'agit de la Défense Nationale : j'entends que chacun comprenne.

D. — Chaque chef d'administration locale, chaque chef de service devra agir sur les fonctionnaires européens et indigènes sous ses ordres avec toute l'autorité qui s'attache à sa personne et ses fonctions pour les éclairer sur leurs devoirs et les convaincre de souscrire. Il contrôlera l'effet de ses exhortations. Il me rendra compte dès la clôture de l'emprunt des instructions qu'il a données et des résultats qu'il aura obtenus.

E. — Dans le but de créer une patriotique émulation, il serait désirable que les souscripteurs autorisassent la publication de leurs souscriptions.

F. — Lorsque vous aurez, comme je vous l'ai demandé plus haut, « prêché d'exemple » vous n'aurez encore accompli qu'une partie de votre tâche, la plus facile, car je connais bien vos sentiments de patriotisme.

Je reviens et j'insiste sur ce que j'ai dit plus haut.

Chacun de vous, et tout le personnel qui vous est subordonné, aura dès à présent et jusqu'au 16 décembre, à faire dans les provinces, auprès de la population européenne et indigène, une propagande constante, instante, persistante, une propagande personnelle. Je souligne ce dernier mot, spécialement.

Je ne veux pas constater l'emploi de tels procédés « faciles » dont les conséquences ne peuvent être que déplorables. Je ne veux pas voir le chef de province, par exemple mander de son cabinet les tong-docs, phus, huyêns et chefs de canton et leur enjoindre de rapporter un nombre déterminé de souscriptions. Un tel ordre, se répétant ensuite du haut en bas de l'échelle de l'administration annamite, peut aboutir en définitive à la taxation d'office et arbitraire du nhaqué, qui est tenu de s'exécuter sous la contrainte. Une propagande de cette nature, je n'en veux pas. Je dis plus : si j'arrive à savoir qu'elle s'est produite, j'en punirai sévèrement les auteurs.

Elle est madadroite, impolitique et dangereuse : madadroite, parce qu'elle conduit presque toujours l'indigène à emprunter à des taux usuraires et à s'endetter dans les plus mauvaises conditions ; impolitique, parce que le « nhaqué » fait remonter injustement jusqu'à l'administration française et à la France protectrice les causes de sa situation devenue obérée et qu'une désaffection fâcheuse risque d'en résulter, alors que notre désir est de maintenir intact le loyalisme que les populations indigènes ne nous marchandent pas ; dangereuse enfin, parce qu'elle pousse l'indigène à se hâter de revendre immédiatement son titre, même à vil prix, pour se libérer de la charge que l'achat lui a imposée.

Ce que je veux, c'est que les fonctionnaires des Services Civils (c'est surtout à eux que je m'adresse en ce moment) paient de leur personne en allant eux-mêmes dans les campagnes, en causant cordialement avec les personnes riches et influentes, et en les persuadant par les moyens de la raison et du sentiment que leur devoir et leur intérêt sont de souscrire à l'Emprunt National. La persuasion, oui ; la contrainte, non ; le prêt volontaire, oui ; son extorsion, à aucun prix !

Les fonctionnaires indigènes devront procéder comme les fonctionnaires français. Il est probable qu'ils auront tôt fait de les imiter, si on leur donne le bon exemple et si on les guide attentivement.

En un mot, vous exigerez dans toutes ces démarches le tact et le doigté, l'action personnelle et paternelle d'une persuasion qui prend la peine de se faire comprendre, d'expliquer les choses, d'éveiller une conviction, et non point, ce qui est trop facile, de signifier un ordre.

G. — Comme il n'est pas possible aux fonctionnaires européens d'aller partout, faute de temps, il serait peut-être avantageux, dans les provinces les plus accessibles à cette seconde manière de propagande, de vous assurer la collaboration de certaines personnalités indigènes d'un loyalisme et d'une intégrité éprouvés, mais sans attache directe avec l'Administration. Ces personnalités pourraient prêter un utile concours en allant plus loin dans l'intérieur des provinces et plus avant dans l'esprit des habitants qu'un Européen ou même un fonctionnaire indigène ne le peut faire.

H. — Tous les fonctionnaires et agents européens et indigènes de tous les services et à tous les degrés de la hiérarchie doivent se considérer comme mobilisés pour le service de l'Emprunt. Que diront-ils dans les conférences et leurs conversations ?

Ils insisteront plus spécialement sur :

a) Le devoir absolu pour tout Français et tout indigène de souscrire à l'emprunt ;

b) L'usage qui sera fait des fonds prêtés (canons, munitions, habillement, vivres) ;

c) Ce que la France a fait en Indochine et le devoir de reconnaissance et de loyalisme de ses sujets et protégés ;

d) Ce que ce pays aurait à craindre si la guerre n'était qu'un demi-succès ;

e) L'intérêt élevé de 5,83 °/₀ que chaque souscripteur retirera de son prêt ;

f) La solidité du crédit de la France, accru tant par sa victoire certaine que par son alliance financière avec la Grande-Bretagne et les Etats-Unis d'Amérique ;

g) Le contraste entre la sécurité de ce crédit et les expédients auxquels sont réduits les Allemands qui réalisent, en ce moment, leur septième emprunt ;

h) La sécurité du placement grâce auquel chacun peut se constituer une véritable retraite ;

i) L'attribution aux souscripteurs d'un diplôme délivré par le Gouvernement Général et attestant que le porteur a souscrit à l'Emprunt national ; ce diplôme, qui sera remis à l'occasion du paiement du premier coupon, sera de couleur variable, suivant que la souscription sera comprise entre 4 francs et 39 francs de rente, 40 francs et 239 francs de rente, 240 francs de rente et au delà ;

j) Aux Européens, on dira enfin l'intérêt qu'il y a actuellement à faire des placements en francs, étant donné le taux exceptionnellement élevé de la piastre.

Dans la mesure où cela sera possible, — je n'ignore point que le défaut de culture d'une grande masse indigène rendra votre tâche ardue et malaisée, mais votre mérite n'en sera que plus grand, — vous expliquerez :

a) La nature d'un titre de rente française (prêt, et non point don ou imposition) ;

b) La nature d'un coupon et les moyens de le toucher (aux bureaux du Trésor, et en outre à l'avenir, soit dans les bureaux de poste, soit des mains des agents du Trésor au cours de leurs tournées) ;

c) L'obligation pour les agents du Trésor de remettre un reçu des sommes versées et, par suite, l'obligation pour tout intermédiaire, de remettre à tout mandant le reçu nominatif qu'il tiendra directement du Trésor, reçu portant exactement la somme versée en francs et en piastres ;

d) Enfin, vous vous efforcerez de faire comprendre les conditions de change de la piastre et du franc, et les variations conséquentes sur le prix en francs des titres de rente et des coupons.

I. — Vous avez reçu par mes soins des affiches en français, en quôc-ngu et en caractères portant le texte de l'appel que j'ai adressé aux populations de l'Indochine. L'administration du Trésor vous a fait parvenir les affiches en trois langues qui précisent les conditions de l'emprunt. Vous veillerez à ce que ces affiches ne soient pas enlevées avant la clôture des souscriptions.

J. — Le temps très court qui nous a été laissé pour la préparation de l'emprunt ne m'a pas encore permis de faire établir des brochures en quôc-ngu et caractères qui vous auraient puissamment aidé dans votre propagande.

Je donnerai suite cependant à ce projet, s'il m'apparaît réalisable à très brève échéance (1).

Ainsi que je l'ai dit au début de cette circulaire, les mesures que je viens d'énumérer doivent être considérées par vous comme des guides et des conseils auxquels votre réflexion et votre expérience peuvent ajouter des suggestions nouvelles, ou meilleures.

Je fais appel et confiance à votre zèle et à votre initiative. Ce qui importe avant tout, c'est le résultat : pour qu'il soit celui que je souhaite, vous n'hésiterez pas, s'il le faut, à bousculer les traditions administratives. Nous sommes en guerre ; tout se subordonne à la victoire. S'il y a le courage militaire, il y a aussi le courage civique : quand le salut de la Patrie est en jeu, à chacun de montrer qu'il n'en manque pas.

Dans les heures graves que traverse la France, le Chef de la Colonie ne tolérerait aucune défaillance du cœur. Il compte sur le dévouement absolu de tous.

Donc, à l'œuvre, tous, et sans délai.

Saigon, le 20 novembre 1917.

Albert SARRAUT

---

(1) Ce projet fut effectivement réalisé.

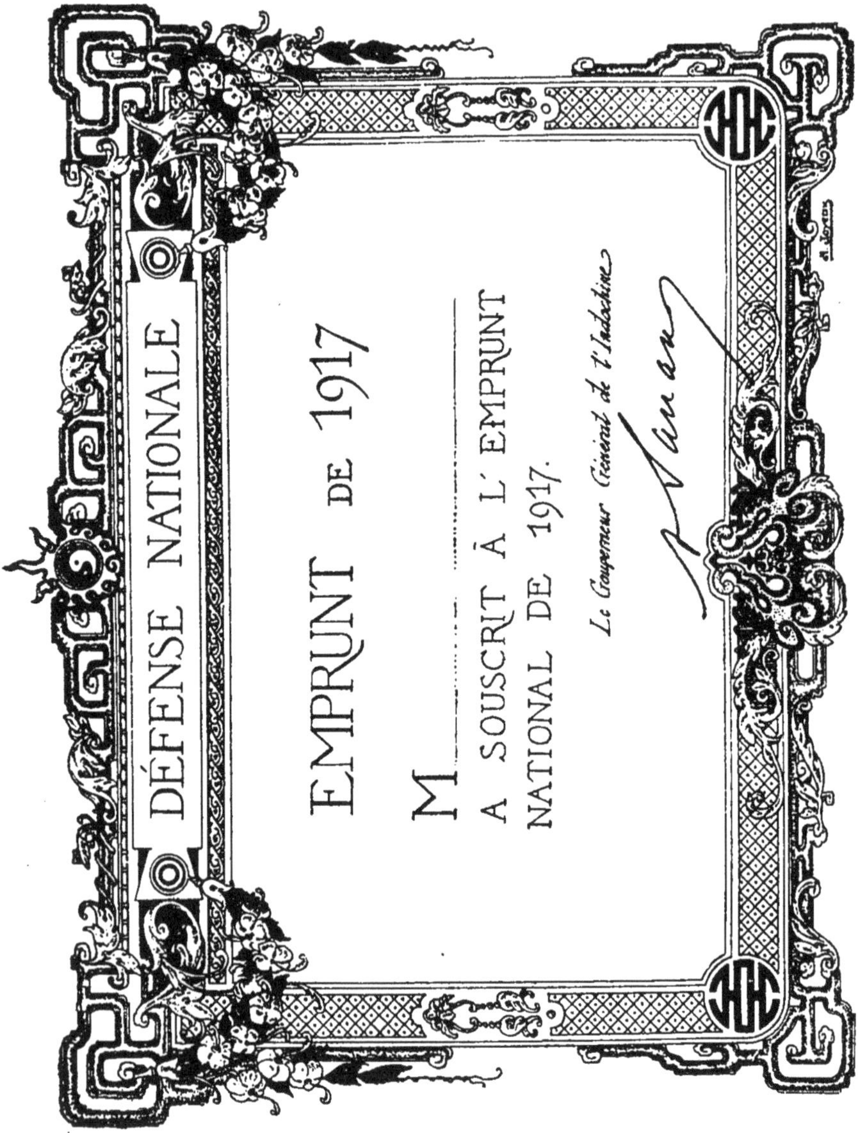

Fac similé en réduction du diplôme remis aux souscripteurs.

Malgré la hâte avec laquelle ces mesures ont été décidées et les difficultés de transmission qu'elles ont rencontrées, elles ont « joué » d'une façon très satisfaisante et n'ont eu besoin d'aucune retouche au cours de la souscription. Seules les avances de solde pour le personnel indigène ont dû en raison de la faiblesse des traitements être consenties pour des sommes inférieures à un mois de solde.

Par ailleurs, sur les sollicitations pressantes du Gouverneur général, l'Administration métropolitaine des Finances a consenti à accorder l'irréductibilité aux souscriptions reçues à la Colonie comme elle l'accordait aux souscriptions reçues à l'étranger : le procédé de la réduction ne peut être compris des indigènes et comme il s'applique aux grosses souscriptions, — presque uniquement européennes, — il serait certainement apparu à leurs yeux comme une manœuvre des plus suspectes.

3° — *Presse.*

Dès le début de novembre la presse cochinchinoise et tonkinoise fut sollicitée de prêter son concours à la propagande en faveur de l'emprunt. Elle le fit avec une bonne volonté et un zèle patriotiques dont il y a lieu de lui savoir gré. Pendant près de deux mois, journaux français et annamites ont rivalisé d'ardeur et d'émulation. Les grands quotidiens (*Courrier Saigonnais*, *Opinion*, *Courrier d'Haiphong*, *Avenir du Tonkin*, *Indépendance Tonkinoise*), les tri-hebdomadaires (*Cochinchine Libérale*, *Impartial*, *Trung-Bắc-Tân-Văn*), les bi-hebdomadaires (*Réveil Saigonnais*, *Tribune Indigène*), les hebdomadaires (*Humanité Indochinoise*, *Gazette de Cochinchine*, *Bulletin Financier de l'Indochine*, *Journal de la Famille Annamite*, *An-Hà-Nhựt-Báo*, *Công-Luận-Báo*, *Nam-Trung-Nhựt-Báo*, *Nông-Cổ-Minh-Đàm*, *Pháp-Việt-Thông-Báo*), ont certainement déterminé pour une bonne part l'élan des populations par leurs articles patriotiques, par la reproduction des appels, des instructions, des notes gouvernementales et aussi par les exhortations multipliées et incessantes semées dans le corps du journal en apparence au hasard de la composition. C'est ainsi que l'on a pu lire en gros caractères des phrases telles que celles-ci : « Verser de l'or c'est épargner du sang ; souscrivez à l'emprunt. » — « Vous qui n'êtes pas aux tranchées, portez votre argent au Trésor. » — « Vous ne vous lasserez de souscrire, car eux ne se lassent pas de mourir ». — « Annamites ! souscrire à l'emprunt, c'est reconnaître les bienfaits de la paix française ! » — « Peuple annamite ! montrez votre dévouement à la France en souscrivant à l'emprunt ». — « Français ! la patrie demande ce qu'elle pourrait exiger, souscrivez à l'emprunt ». — « Thésauriser, c'est trahir la Patrie ». — La France est engagée corps et bien dans la guerre, vous aussi. Souscrivez à l'emprunt ».

L'ardeur de ces apostrophes était égalée sinon dépassée par les dessins que le maître Joyeux, Directeur des Ecoles d'Art indigène de Cochinchine composa pour les journaux de Saïgon.

Qu'on en juge par ceux-ci parus dans l'*Opinion* :

T'as plus d'pognon ? Veux-tu qu'on serche ensemble ?

Ohé ! les ventres dorés, à votre tour maintenant !

et par celui-ci paru dans le *Courrier Saigonnais*.

Cent mille francs de rente ! Bravo Monsieur ! Si tout le monde faisait comme vous qu'est-ce que ces Boches prendraient ?

Dans l'entraînement commun, les journaux annamites demandèrent également au même artiste quelques dessins. La pensée de l'auteur est ici tout autre et le trait tout différent : ces dessins doivent frapper des yeux annamites. Voici la femme indigène, la caissière, l'agent d'affaires du ménage ; c'est elle qui souscrira ou ne souscrira pas...

Chers compatriotes, voyez cette femme et imitez le nobleexemple qu'elle donne. Sachant que son bras féminin manquera de puissance pour abattre l'ennemi, elle en arme d'autres plus virils par sa participation à l'Emprunt qui s'ouvre aujourd'hui.

Voici de vieux époux qui déterrent les jarres contenant les piastres épargnées pour les mauvais jours ; ils vont les donner à l'emprunt.

Sans doute en France où l'on a la facilité des moyens on ne se rendra pas compte des difficultés rencontrées ici. Sans le dévouement désintéressé de M. Joyeux et le travail de ses petits graveurs indigènes, jamais la presse n'aurait pu fabriquer les clichés nécessaires aux reproductions de ses dessins. C'est, à notre connaissance, la première fois d'ailleurs que les quotidiens de la Colonie ont publié des illustrations. C'est là un progrès dont l'emprunt aura été l'occasion.

4° — *Brochure de propagande.*

Lors des précédents emprunts, on ne s'est peut-être suffisamment pas préoccupé d'éclairer la masse indigène qui ignore tout ce que peut être un appel au crédit. Si, en 1915 et en 1916, Annamites, Cambodgiens, Laotiens avaient apporté au Trésor des sommes non négligeables, ils avaient cru, dans l'immense majorité des cas, remettre à la Mère-Patrie un *don* que celle-ci leur réclamait en un moment difficile, ce qui était d'ailleurs dans la tradition de leurs propres gouvernements. Dans leur esprit, c'était comme un supplément d'impôt qu'on imposait aux plus riches. Ce qui confirme cette idée, c'est que la plupart encadraient leurs titres de rente pour montrer qu'ils avaient satisfait aux exigences du moment et s'abstenaient d'en percevoir les arrérages, un intérêt de 5,83 % par an étant pour eux parfaitement négligeable. D'autres, plus intéressés, se hâtaient de se débarasser de leurs titres même à vil prix.

Le Gouverneur Général estima le moment venu d'essayer dans cet ordre d'idée l'éducation de la masse indigène et de tenter de lui faire comprendre exactement ce qu'on lui demandait. A cet effet, il fit rédiger une brochure populaire en français et en quoc-ngu que le manque de temps seul empêcha de traduire en cambodgien et en laotien.

Cette brochure est composée sous forme de demandes et de réponses ; elle est merveilleusement adaptée à la mentalité indigène. Il fallait qu'elle fut comprise de tous : le but a été parfaitement atteint. On a pu qualifier cet ouvrage : le catéchisme du coolie-xé. C'est son plus bel éloge.

On y trouve toutes les questions que peut se poser un esprit annamite :

« Qu'est-ce que l'emprunt national ? — la France est-elle seule à emprunter ? — pourquoi la France emprunte-t-elle ? — pourquoi la France emprunte-t-elle, puisqu'elle est si riche ? — pourquoi ne pas avoir recours aux impositions ? — quelle garantie ai-je que mon argent ne sera pas perdu et que mes intérêts me seront payés ; dois-je me contenter de la seule et simple promesse du Gouvernement ? — cet argent que je vais prêter va quitter l'Indochine qui en souffrira ? —

pourquoi demande-t-on aux pauvres gens et aux nha-qués de souscrire à l'emprunt national alors que les gens riches et les banques pourraient y suffire? — pour combien de temps la France m'emprunte-t-elle mon argent ? — quand je revendrai mon titre est-ce que je recevrai tout ce que j'ai payé pour l'acheter? — ainsi les titres de l'emprunt de l'emprunt national constituent un placement sûr ? — comment vais-je pouvoir prêter à la France qui demande à emprunter ? — comment souscrit-on ? — qu'est-ce qui affirmera que j'ai donné de l'argent pour souscrire à l'emprunt national? — si je ne peux pas aller moi-même au Trésor, je n'aurai pas de reçu? — ce reçu ou récépissé, c'est proprement le titre de l'emprunt national ? — ne serait-il pas plus simple de me donner tout de suite le titre définitif ? — qu'est-ce au juste qu'un titre, le vrai titre définitif ? — n'y a-t-il pas plusieurs sortes de titres et quels sont-ils ? — combien coûte un titre de l'emprunt national? — qu'est-ce au juste que l'intérêt d'un titre, le coupon d'intérêt? — pourquoi la France ne paie-t-elle que 5, 83 % d'intérêt alors que le taux général de l'intérêt en Indochine est beaucoup plus élevé? — comment saura-t-on que j'ai fait mon devoir en souscrivant? — comment toucherai-je mes intérêts les 16 mars, 16 juin, 16 septembre et 16 décembre ? — c'est une grande gêne pour moi de me déranger tous les trois mois pour toucher vingt-cinq cents, si je ne touche pas les intérêts chaque trois mois les perdrai-je ? — pourrai-je emprunter de l'argent sur mon titre? — cet emprunt national qu'il faudra bien rembourser un jour, ne contraindra-t-il pas désormais les générations futures à payer pour la guerre de cette génération-ci ? — en résumé, souscrire à l'emprunt, c'est manifester son dévouement, sa reconnaissance, son loyalisme à la Mère-Patrie ? »

Cette brochure pour laquelle le maître Joyeux avait dessiné une élégante couverture tricolore eut un succès prodigieux. Comme les précédents emprunts n'avaient réuni que six à sept mille souscripteurs, on n'en tira que trente mille exemplaires. Or l'emprunt de 1917 a rassemblé 61.000 souscripteurs environ. C'est 150.000 exemplaires qu'il eût fallu distribuer.

Ce petit ouvrage dont l'idée première appartient au Gouverneur Général a eu un double résultat heureux : l'un immédiat sur l'emprunt, — l'autre plus lointain sur la mentalité indigène qu'elle aura peut-être éveillée aux pratiques financières occidentales.

5° — *Timbres en cuivre et vignettes.*

Pour bien faire comprendre à chacun le caractère impérieux de la souscription à l'emprunt, il fallait créer dans l'esprit de chacun comme une sorte d'obsession. Dès la réception du premier télégramme du Département, le Gouvernement Général donna l'ordre de confectionner des timbres en cuivre portant en français, en caractères et en quoc-ngu la mention « Souscrivez à l'emprunt national. »

Tous les ouvriers graveurs de Saigon y furent employés et, en raison du court laps de temps dont on disposait y travaillèrent, par équipes, nuit et jour. Le nombre des cachets ainsi fabriqués à la main en deux semaines s'élève à près d'un millier qui furent répartis entre les diverses administrations. C'est ainsi que pendant un mois et demi tous les documents officiels portèrent en marge la mention : « Souscrivez à l'emprunt national ». Les bureaux de l'Administration des Postes et Télégraphes les apposèrent sur toutes les correspondances, télégrammes, mandats, et colis postaux concurremment avec leur propre Timbre ; les directeurs des journaux avaient également consenti très obligeamment à en frapper tous les numéros sortis de leurs presses.

Pour le Cambodge avaient été fabriqués des timbres portant des caractères spéciaux. Le Laos, trop éloigné pour pouvoir recevoir des cachets en temps utiles, y suppléa par des vignettes qui furent collées sur tous les documents officiels.

Voici les reproductions de ces timbres et vignettes :

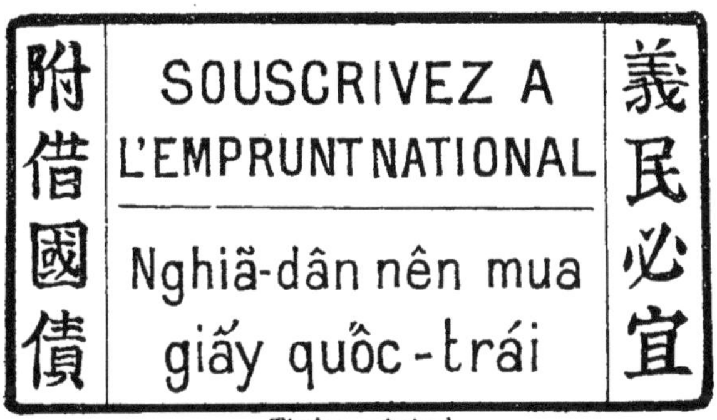

Timbre général.

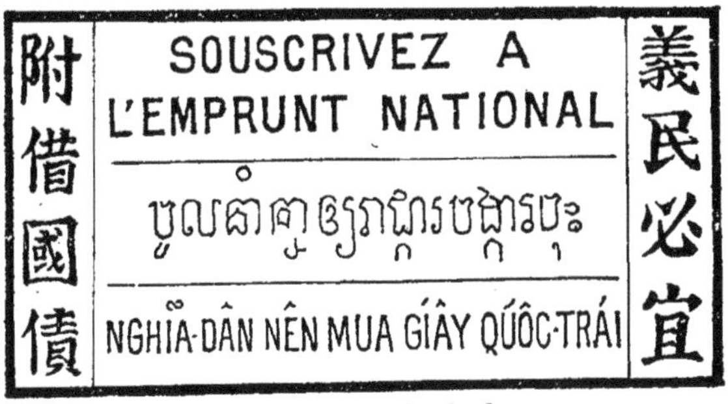

Timbre spécial Cambodge.

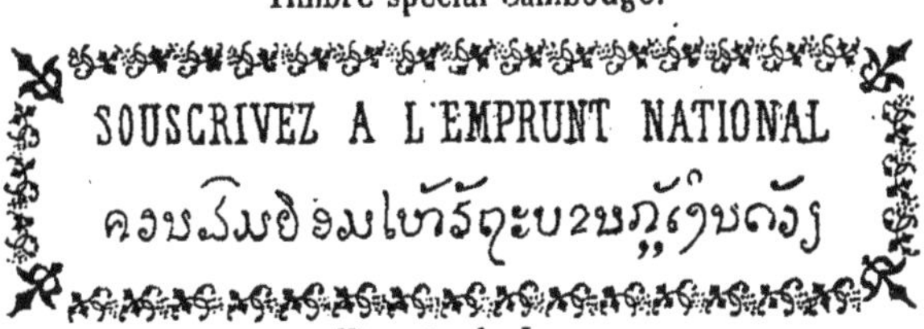

Vignette du Laos.

6° — *Projections cinématographiques et films.*

Il restait un dernier procédé de propagande : le cinématographe. — La Mission cinématographique du Gouvernement général, qui a rendu déjà de si excellents services au point de vue du recrutement des ouvriers et des tirailleurs et dont les films documentaires vont bientôt être envoyés en France, a fourni les moyens d'atteindre utilement toutes les couches de populations de l'Indochine.

Avec le concours de M. Joyeux des dessins de propagande, des légendes en français, en caractères et en quoc-ngu furent projetés dans tous les cinémas de Cochinchine, du Tonkin et du Cambodge: à Saigon, Cholon, Baclieu, Cantho, Mytho, Sadec, Vinhlong, à Phnom-Penh, à Haiphong, Hanoi, et Nam-dinh.

Les gravures ci contre reproduisent très exactement les très jolis dessins du Directeur des écoles d'art annamite de Cochinchine. On en goutera l'heureuse inspiration et ceux qui n'ont pas vu les projections pourront apprécier le talent vigoureux de l'auteur.

Du pognon ! et j'en ramènerai d'autres... Càng có nhiều người mua giấy quốc trái dường nào thì càng bắt đặng nhiều giặc Đức dường này

Moyen prêter l'argent [illegible] République, lui donner la retraite même chose tirailleur. Mua giấy quốc trái thì sẽ đặng lời trả trần như người lính được lương hưu trí vậy.

Vous ! là ! le gros ballot, avez-vous souscrit.

Này ông đấy à ! Vậy ông đã ký tên cho vay hay chưa !

應報大法之恩

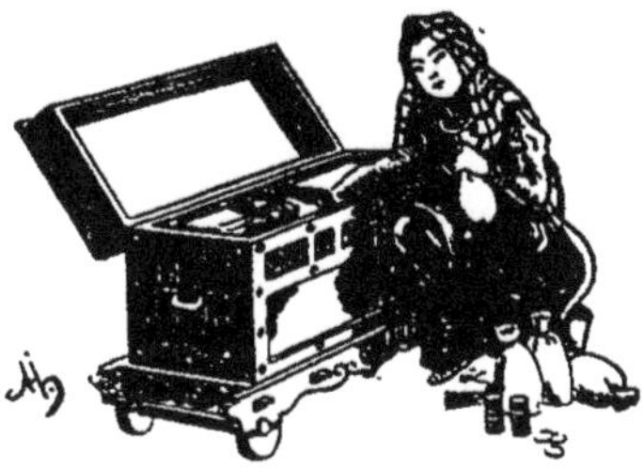

C'EST POUR LA FRANCE !

Tôi muốn báo ơn nước Đại-Pháp

Monsieur aller cai-nha-Tresor ? moi bien connaître...

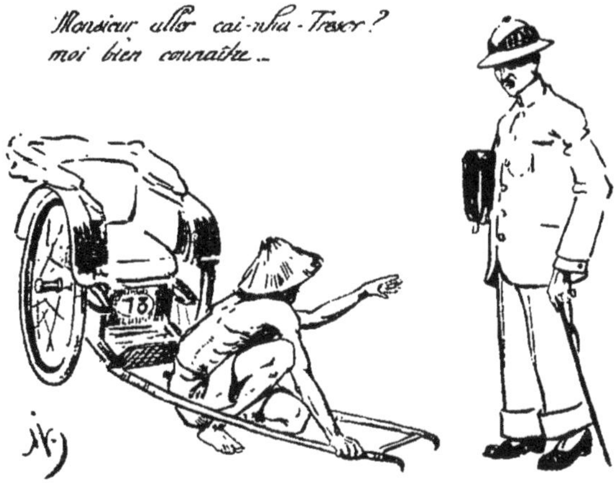

Souscrivez si vous voulez faire cesser ce martyre !...

Prêtez-moi vos piastres je lui mettrai la muselière.

Cho tôi vay bạc đặng tôi khớp mỏ nó lại

Avec ces gravures alternaient sur l'écran les légendes ci-après :

A. — *En français.*

« C'est le salut de la Patrie, souscrivez à l'emprunt ! » — « Voulez-vous hâter la Victoire ? souscrivez à l'emprunt ». — « Les Poilus ont l'œil sur vous, souscrivez à l'emprunt ». — « La Patrie vous demande de lui prêter votre superflu, attendez-vous qu'elle vous prenne votre nécessaire ? Souscrivez à l'emprunt ». — « La France est engagée corps et biens dans la guerre, vous aussi ! Souscrivez à l'emprunt ». Nos fils et nos frères sous la mitraille vous crient : Souscrivez à l'emprunt national » !

B. — *En quôc-ngu.*

« Nếu muốn cho mau trọn thắng khải huờn thì phải cho vay giúp tiền mới đặng. — Ay là phận sự các người, quyền lợi các người, vậy nên hãy cho vay mà bang trợ. — Xin hãy cho vay mà gìn giữ sự tự do trong thế giới. — Vì nước thì phải đổ máu liều mình, thì phải trút rốc của mà giúp. Vậy bao nhiêu cũng phải cho vay. — Lẫn sắc như mọi giữ của là đồ cừu địch nhà nước. — Xin cho nhà nước vay tiền. Đóng tiền sung quốc-trái ».

C. — *En caractères.*

若欲速於全勝即
宜許債以圖成
此乃義民之分事
義民之權利故竊
宜許債
許債以護持萬國
自由
爲國宜肝腦塗地
宜盡出家貲故速
宜買債票
吝嗇守錢虜正是
國家仇敵
將銀充國債

De la sorte le public, tout le public européen, annamite, chinois, était continuellement tenu en haleine même dans ses distractions.

Un entrepreneur saïgonnais de cinématographe ayant mis gracieusement à la disposition du Gouverneur Général trois « positifs » du film de propagande édité en France pour l'emprunt de 1916, l'opérateur de la Mission a pu le modifier, et, en y adjoignant quelque scènes locales, le faire passer utilement dans les salles de spectacle de

Saïgon, Phnom-Penh, Hanoï et Haïphong. Les vues animées sont venues ainsi s'ajouter aux projections fixes.

V° — Résultats des souscriptions à l'emprunt national de 1917.

60.539 souscripteurs ont souscrit 47.562.556 fr. 65 en capital réellement versé, soit en capital nominal 69.333.173 francs.

Ce sont des résultats que les plus optimistes ne pouvaient espérer. En effet, le nombre des souscripteurs ne s'était élevé en 1916 qu'à 6.987 et en 1915 qu'à 6.735, les sommes souscrites en 1916 à 20.666.326 francs et en 1915 à 21 millions de francs environ. Il semblait ainsi que le nombre des capitalistes de la Colonie à qui la France pouvait faire appel fût stabilisé aux environs de 7.000 et leurs disponibilités annuelles à une quinzaine de millions de francs (si on tient compte des caisses publiques).

Le très grand succès de l'emprunt de 1917, dans lequel dix fois plus de souscripteurs apportèrent deux fois plus d'argent qu'aux emprunts précédents, montre bien l'utilité et l'efficacité de la propagande qui a été faite dans toute la Colonie.

Il reste à examiner en détail les observations auxquelles ont donné lieu le nombre et la qualité des souscripteurs, l'importance et la nature des souscriptions. De ces observations résulteront naturellement certaines conclusions touchant les emprunts ultérieurs.

1° — *Nombre et qualité des souscripteurs :* A. — *Nombre des souscripteurs.* — Le tableau ci-après donne pour chacun des pays de l'Union le nombre des souscripteurs au Trésor et aux Banques (Banques de l'Indochine et Banque Industrielle de Chine) pour les emprunts de 1915, 1916 et 1917.

PAYS DE L'UNION	EMPRUNT DE 1915			EMPRUNT DE 1916			EMPRUNT DE 1917		
	Trésor	Banques	Ensemble	Trésor	Banques	Ensemble	Trésor	Banques	Ensemble
Budget général et caisses de réserve	—	—	—	3	—	3	3	—	3
Cochinchine. . . .	4.992	835	5.827	3.850	666	4.516	25 989	1.601	27.590
Tonkin.	196	448	644	462	425	887	15.234	703	15.937
Cambodge	46	63	109	905	240	1.145	7.001	321	7.322
Annam.	88	24	112	230	40	270	7.731	64	7.795
Laos.	27	—	27	95	—	95	1.682	—	1.682
Kouang-tchéou-Wan	16	—	16	71	—	71	210	—	210
Total. . . .	5.365	1.370	6.735	5.616	1.371	6.987	57.850	2.689	60.539

Si on considère ces statistiques, on est frappé de la hausse brusque du nombre des souscripteurs en 1917. Le chiffre des clients des banques a doublé; celui des clients du Trésor a décuplé. Il est à remarquer que ce n'est pas dans les pays les plus prospères que la hausse a eu le caractère le plus accentué : l'Annam et le Laos, qui sont les plus pauvres, ont eu en 1917 un nombre de souscripteurs respectivement 30 fois et 17 fois plus considérable qu'en 1916. Ce même nombre était, il est vrai 20 fois plus grand pour le Tonkin, mais seulement 7 fois plus grand pour le Cambodge et 5 fois pour la Cochinchine.

Le nombre des souscripteurs au Trésor est de 95. 5 % de l'ensemble, celui des souscripteurs aux banques seulement de 4. 5 %. Mais la proportion se trouve complètement changée si on considère le montant des souscriptions aux banques et au Trésor, en déduisant de ces dernières les souscriptions des caisses publiques. Voici les résultats auxquels on aboutit :

Trésor	Souscriptions des caisses publiques.	14.334.878 fr. 95	soit 31 %
	Souscriptions privées. .	18.008.649 05	soit 37 %
Banques.	Souscriptions privées. .	15.219.028 65	soit 32 %

B. — *Qualité des souscripteurs.* — Si du total des souscriptions (47.562.556 fr. 65) on déduit les souscriptions des caisses publiques (11 souscriptions s'élevant à 14.334.878 fr. 95 soit 30,2 % de l'ensemble) et si on groupe les souscriptions privées au Trésor et aux banques (60.528 souscriptions s'élevant à 33.227.667 fr. 70 soit 69,8 % de l'ensemble) on constate que les souscripteurs se répartissent ainsi :

Européens.	6.596	10,9 %
Indigènes	47.037	77,7 %
Chinois et Indiens . . .	6.895	11,4 %
Caisses publiques. . . .	11	»
	60.539	100 %

De l'examen de ces chiffres, il résulte que les Européens (on devrait dire les Français, car les souscriptions des étrangers sont pratiquement négligeables) ont fait leur devoir ; peut-être le nombre des souscripteurs de Cochinchine aurait-il pu être un peu plus élevé (2.435 souscripteurs en Cochinchine contre 2.600 au Tonkin).

Mais c'est le nombre des souscripteurs indigènes qui est le plus caractéristique : 21.610 souscripteurs en Cochinchine, 12.716 au Tonkin, 6.780 en Annam, 4.522 au Cambodge, 1.391 au Laso ont apporté en masse leur argent au Trésor. C'est une touchante manifestation de loyalisme à la France en guerre qu'Annamites, Cambodgiens et Laotiens ont voulu faire, suivant en cela le généreux exemple que leur avaient donné LL. MM. Khai-Dinh, Sisowath et Sisavongvang. Ils n'ont point été séduits en effet par l'attrait d'un intérêt qui nous paraît élevé et qui est minime pour eux. Habitués à retirer de leurs prêts un loyer de 24 à 36 °/₀ l'an, ils ont consenti un véritable sacrifice en engageant leurs ressources à 5,83 °/₀. Et par là ils ont marqué au Gouvernement protecteur leur reconnaissance de la politique libérale suivie dans ce pays et dont tout l'honneur revient au Parlement.

Des 6.895 souscriptions des Chinois et Indiens (chettys) il y a peu de chose à dire : si le nombre des souscriptions de Cochinchine est assez élevé (3.451), c'est sans doute que le Gouverneur Général a indiqué aux uns et aux autres que l'heure était venue de manifester de façon tangible leur gratitude pour la précieuse hospitalité qu'ils ont trouvée en tout temps dans ce pays. Alors que les Chinois de Cochinchine ont dans la mesure de leurs moyens imité leurs compatriotes des Straits Settlements dans leur attitude à l'égard de la nation protectrice, il n'en a pas été de même de ceux du Tonkin. A Hanoi, et à Haiphong surtout, si la conduite des Chinois de la Congrégation de Canton fut des plus correcte, par contre celle d'autres Chinois de la congrégation de Phukien fut des plus critiquable. Ces étrangers qui tirent leurs bénéfices des adjudications et du commerce avec les Européens se sont complètement abstenus. Cette réserve hostile méritait d'être soulignée.

C. — *Comparaison du nombre des souscripteurs dans les divers pays.* — Si on se reporte aux statistiques ci-annexées (tableau N° 3) on se rend compte que le nombre des souscripteurs est assez exactement en rapport avec la densité des populations européenne, indigène et chinoise de chacun des pays de l'Union, avec leur richesse et leur état de civilisation respectifs.

D. — *Comparaison du nombre des souscripteurs par province dans chaque pays.* — Les statistiques ci-après donnent par ordre d'importance le montant du capital souscrit dans chaque province des divers pays de l'Union.

a. — Cochinchine

Rang	Provinces ou délégations	Capital souscrit
1	Saïgon (ville)	11.757.020 fr. 15
2	Cholon (ville et province)	469.481 25
3	Soctrang	393.283 80
4	Travinh	389.873 95
5	Baclieu	323.773 00
6	Mytho	309.231 65
7	Cantho	278.536 25
8	Bèntré	230.890 45
9	Vinhlong	228.883 90
10	Gocông	192.663 10
11	Giadinh	156.751 00
12	Baria	146.237 25
13	Chaudoc	129.345 30
14	Longxuyên	127.613 35
15	Sadec	114.270 45
16	Rachgia	104.632 15
17	Thudaumot	94.822 35
18	Tanan	93.450 35
19	Tâyninh	89.780 25
20	Biênhoa	73.624 95
21	Hatiên	12.776 75
	Total	15.716.941 fr. 65

Dans le chiffre des souscriptions recueillies à Saïgon sont comprises les souscriptions des caisses publiques. On remarquera que les riches provinces de l'Ouest se classent au premier rang. On remarquera aussi l'excellente place occupée par la province de Baria qui passe pour une des moins favorisée de la Cochinchine.

b. — Tonkin

Rang	Provinces, délégations ou territoires militaires	Capital souscrit	
1	Hanoi	7.484.820	80
2	Haiphong	4.482.236	60
3	Namdinh	445.093	95
4	Thaibinh	344.029	00
5	Haiduong	281.928	85
6	Bacninh	200.946	55
7	Vinhyên et Phucyên	173.729	50
8	Phuly	154.041	30
9	Kiênan	149.925	30
10	Caobang	149.102	10
11	Hadông	142.447	90
12	Ninhbinh	135.965	20
13	Bacgiang	115.007	90
14	Hagiang	108.422	30
15	Moncay	107.444	75
16	Quangyên	106.432	90
17	Langson	96 160	05
18	Sontây	96.091	45
19	Thainguyên	95.491	20
20	Hungyên	70.829	50
21	Yênbay	66.627	75
22	Tuyênquang	64.741	25
23	Laokay	57.761	20
24	Phutho	54.742	80
25	Sonla	38.656	10
26	Backan	38.501	75
27	Hoabinh	31.658	90
28	Laichâu	12.553	80
	Total	15.305.390	65

Le total d'Hanoi comprend les souscriptions des caisses publiques, de la caisse municipale et de l'administration du Chemin de fer du Yunnan.

c. — Cambodge

RANG	PROVINCES OU DÉLÉGATIONS	CAPITAL SOUSCRIT
1	Phnompenh	2.228.801fr.10
2	Battambang	155.339 40
3	Kompongcham.	151.383 05
4	Takéo	93.861 95
5	Preyveng	66.421 95
6	Pursat	49.049 00
7	Soairieng	43.097 95
8	Kompongthom.	40.371 10
9	Kompongspeu	36.015 00
10	Kompongchnang	35.483 35
11	Kampot	34.574 40
12	Siemreap	32.928 00
13	Kratié	22.295 00
14	Stungtreng.	13.754 30
	Total.	2.984.375fr.55

Les résultats obtenus à Preyveng et à Kampot auraient peut-être pu être un peu supérieurs à ceux qui ont été réalisés si ces provinces n'avaient pas été éprouvées plus que les autres par la mévente du paddy.

d. — Annam

RANG	PROVINCES OU DÉLÉGATIONS	CAPITAL SOUSCRIT
1	Tourane	567.382fr.05
2	Hué.	413.795 20
3	Phantiêt	310.603 65
4	Vinh	202.490 05
5	Thanhhoa	194.566 75
6	Quinhon	163.370 90
7	Songcau	104.923 70
8	Faifo	100.001 65
9	Hatinh	99.058 40
10	Dalat	92.198 40
11	Nhatrang	91.049 35
12	Quangtri	67.622 45
13	Donghoi	66.953 60
14	Quangngai	54.005 35
15	Phanrang	42.583 45
16	Ban Methuot	39.719 40
17	Kontum	23.358 30
	Total.	2.633.682fr.65

e. — Laos

RANG	PROVINCES OU DÉLÉGATIONS	CAPITAL SOUSCRIT
1	Vientiane	401.704 45
2	Luang Prabang	89.145 70
3	Savannakhet	87.602 20
4	Attopeu	34.300 00
5	Paksé	25.364 85
6	Tha Kheh	20.545 70
7	Xieng Khouang	20.048 35
8	Tchépone	13.136 90
9	Muong-Houn-Xieng houng	12.999 70
10	Houeisai	10.770 20
11	Khong	7.837 55
12	Sam-Neua	6.688 50
13	Saravane	6.654 20
14	Muong-Sing	3.430 00
	Total	740.228 30

Dans le chiffre des souscriptions de Vientiane est compris la souscription de la caisse de réserve du Laos. — Le montant du capital souscrit dans la province de Paksé est en diminution de 50 % sur celui de 1916. Toutes les autres provinces ont au contraire donné de larges plus-values.

2° — *Importance et nature des souscriptions* : A. — *Versements et conversions*. — Dans la somme de 47.562.556 fr. 65 réalisée, les versements en numéraire sont compris pour 43.365.833 francs (soit 91,2 %) et les conversions de valeurs pour 4.196.723.65 (soit 8,8 %). Si la quantité d'argent frais a considérablement augmenté, par contre le chiffre des conversions est à peu près constant : pour les emprunts de 1915 et de 1916, il a oscillé autour de 4 millions de francs.

Pour le Trésor, la part de numéraire est de 31.244.024 fr. 35 (65,7 %), pour les banques (Banque de l'Indochine et Banque Industrielle de Chine) de 12.121.808 fr. 65 (25,5 %). — Pour le Trésor, la part des valeurs est de 1.099.503 fr.65 (8,3 %), pour la Banque de l'Indochine (la Banque Industrielle n'a pas fait de conversions) de 3.097.220 (6,5 %). La raison de l'avantage marqué par la Banque de l'Indochine réside dans ce fait que cet établissement de crédit achète pour ses clients, pendant le courant de l'exercice, des bons de la Défense Nationale qui demeurent au siège social, à Paris, et qui sont convertis sans avoir à être transportés.

C'est sans doute grâce à l'abondance des bons détenus dans ses caisses par la Banque de l'Indochine que cet établissement a pu dès le début garantir à ses souscripteurs l'irréductibilité de leurs souscriptions, nonobstant les dispositions de la loi du 26 octobre 1917, qu'elle a ainsi aisément tournée. Aussi était-il nécessaire de mettre le Trésor sur un pied d'égalité avec la Banque. Ne bénéficiant pas de la même situation de fait que cet établissement il se trouvait défavorisé et les souscripteurs subissaient un traitement variable avec le guichet auquel ils souscrivaient. Le Gouverneur Général aperçut bien vite le danger et c'est pour cela qu'il demanda avec insistance au Département et obtint de lui l'irréductibilité des souscriptions recueillies à la Colonie.

B. — *Souscriptions des caisses publiques et souscriptions privées.* — La caisse de réserve du budget général (7.999.994 fr. 80 et celles des budgets locaux (Cochinchine 2.411.718.75, Tonkin 1.695.980 fr. 65, Laos 205.800 fr.) ont pu participer largement à l'emprunt en raison de la prospérité financière de l'Union. Seules, les caisses de réserve du Cambodge et de l'Annam, n'ont pu apporter aucune contribution : la première, parce qu'elle était épuisée par les prélèvements qui ont été opérés pour les travaux publics, la seconde parce qu'elle a à prévoir les réparations aux dommages causés par les typhons et les inondations. — Les caisses locales de retraites des fonctionnaires européens et indigènes ont apporté chacunes 994.700 fr., les caisses municipales de retraite de Hanoi, Saigon, Cholon et Phnom-Penh ont également converti en titres de l'emprunt une large part de leurs disponibilités.

C'est ainsi que les souscriptions des caisses publiques se sont élevées au chiffre considérable de 14.334.878 fr. 95 (soit 32 °/o) du total.

Les souscriptions privées au Trésor et aux banques ont atteint 33.227.677 fr. 70 (soit 69,8 °/o) du total. La moyenne des souscriptions privées a été, par tête de souscripteur, de :

853 fr. 79 pour le Tonkin ;
445 09 pour la Cochinchine ;
403 22 pour le Cambodge ;
337 86 pour l'Annam ;
317 73 pour le Laos ;
916 67 pour le territoire de Kouang-Tchéou-Wan.

Si, en raison de sa situation spéciale, on écarte le Territoire de Kouang-Tchéou-Wan de la comparaison, il semble que l'effort individuel des souscripteurs a été beaucoup plus grand au Tonkin qu'en Cochinchine. Si cela est vrai dans une certaine mesure, il y a lieu cependant de faire des réserves parce que le nombre des souscripteurs indigènes et chinois a eu pour effet de faire baisser beaucoup plus la moyenne en Cochinchine (où ils ont été 12.610 + 3.541) qu'au Tonkin (où ils ont été 12.716 + 619).

C. — *Souscriptions privées par pays et par qualité des souscripteurs.* — Dans un paragraphe précédent les souscriptions privées des Européens, des indigènes et des Chinois et Indiens ont été examinées au point de vue du nombre. Si on les considère au point de vue de leur importance on voit (tableau N° 3) que :

les Européens ont souscrit 24.002.409.20
soit 50,4 % de l'ensemble des souscriptions
et 72,2 % des souscriptions privées ;
les Indigènes ont souscrit 6.945.954.45 ;
soit 14,6 % de l'ensemble des souscriptions
et 20,9 % des souscriptions privées ;
les Chinois et Indiens ont souscrit 2.279.317.05
soit 4,8 % de l'ensemble des souscriptions
et 6,9 % des souscriptions privées.

Cette proportion paraît concorder suffisamment avec les différents stades de développement économique de chaque groupe ethnique.

Si on rapproche le montant des souscriptions privées de chaque pays, il est intéressant de constater que les souscriptions européennes du Tonkin dépassent de 2 millions celles de Cochinchine (11.167.584 fr.80 contre 9.250.225 fr. 81) ; malgré l'apport des Chinois (1.288.821 fr. 10 en Cochinchine contre 229 146 fr. 50 du Tonkin), la Cochinchine vient en second rang parmi les pays de l'Union pour les souscriptions privées (13.305.222 fr. 50 contre 13.609.410 francs) et il lui faut le concours de sa caisse de réserve pour conserver un premier rang qu'elle devrait normalement assurer par une large avance (15.716.941 francs 65 contre 15.305.390 francs 65).

Le Cambodge et l'Annam se disputent la troisième place, le premier avec 2.984.375 fr. 55 et le second avec 2.633.682 fr. 65. Dans ces deux pays il y a lieu de remarquer l'importance des souscriptions indigènes par rapport aux souscriptions européennes (tableau n° 3).

En dernier lieu viennent le Laos avec 740.228 fr.30 et Kouang-Tchéou-Wan avec 192.543 fr. 05, souscriptions qui représentent un bel effort étant donné la médiocrité des ressources locales.

VI° — Conclusions.

Quelles observations se dégagent des opérations de souscriptions à l'emprunt de 1917 et quelles leçons peut-on en tirer pour des emprunts futurs ? Car il y aura d'autres emprunts : il y en aura au moins un cette

4° — Résultats par pays et par nature de souscriptions.

PAYS DE L'UNION	CAPITAL VERSÉ						NUMÉRAIRE ET VALEURS GROUPÉS			NOMBRE DES SOUSCRIPTEURS		
	NUMÉRAIRE			VALEURS								
	Trésor	Banques	Total	Trésor	Banques	Total	Trésor	Banques	Total général	Trésor	Banques	Total
	francs	francs	francs	francs	francs	francs	francs	francs	francs			
Budget général et caisses retraites	9.989.394 80	—	9.989.394 80	—	—	—	9.989.394 80	—	9.989.394 80	3	—	3
Cochinchine	7.950.262 90	4.454.969 75 (1) 1.877.976 45 (2)	14.283.209 10	7.494 55	1.446.258	1.453.752 55	7.957.757 45	7.779.184 20	15.736.941 65	25.989	1.032 (1) 569 (2)	27.590
Tonkin	8.774.557 40	4.107.236 35	12.881.793 75	1.004.749 90	1.418.847	2.423.596 90	9.779.307 30	5.526.083 35	15.305.390 65	13.234	703	13.937
Cambodge	1.315.682 70	1.505.303 65	2.820.986 35	1.509 20	161.880	163.389 20	1.517.191 90	1.467.183 65	2.984.375 55	7.001	321	7.322
Annam	2.138.433 50	376.322 45	2.514.755 95	48.671 70	70.255	118.926 70	2.187.105 20	446.577 45	2.633.682 65	7.731	64	7.795
Laos	704.144 70	—	704.144 70	36.083 60	—	36.083 60	740.228 30	—	740.228 30	1.682	—	1.682
Kouang-tchéou-Wan	191.548 35	—	191.548 35	994 70	—	994 70	192.543 05	—	192.543 05	210	—	210
Total	31.244.024 35	12.121.808 65	**43.365.833 00**	1.099.503 65	3.097.220	**4.196.723 65**	32.343.528 00	15.219.028 65	**47 562 556 65**	57.850	2.689	**60 539**
Pourcentage	65,7 %	25,5 %	91,2 %	2,5 %	6,3 %	8,8 %	68 %	32 %	100 %	95,5 %	4,5 %	100 %

(1) Banque de l'Indochine.
(2) Banque industrielle de Chine.

5° — Souscriptions des caisses publiques et souscriptions privées.

PAYS DE L'UNION	SOUSCRIPTIONS CAISSES PUBLIQUES 30,2 %	SOUSCRIPTIONS PRIVÉES	MOYENNE DES SOUSCRIPTIONS PRIVÉES
	francs	francs	francs
(Budget général et caisses retraites)	9.989.394 80	—	—
Tonkin	1.695 980 65	13.609 410 00	853 79
Cochinchine	2.411.718 75	13.305.222 90	445 09
Cambodge	31.984 75	2.952.590 80	405 22
Annam	—	2 633.682 65	337 86
Laos	205.800 00	534.428 30	317 75
Kouang-tchéou-Wan	—	192.543 05	916 67
Total	14.334 878 95	33.227.677 70	548 86

1° — Résultats généraux de l'emprunt.

Capital nominal	69.333 173fr.00
Capital réellement versé	47.562.556 65
Différence	21.770.616 35

2° — Argent frais et Conversions.

Argent frais	43.365.833fr.00	soit 91,2 %
Conversions	4.196.723 65	soit 8,8 %
	47.562.556 65	soit 100 %

3° — Résultats par pays et par qualité des Souscripteurs.

PAYS DE L'UNION	SOUSCRIPTIONS PRIVÉES								SOUSCRIPTIONS DES CAISSES PUBLIQUES		TOTAL GÉNÉRAL	
	Européens		Indigènes		Chinois et Indiens		Total					
	Nombre	Souscriptions	Nombre	Souscriptions	Nombre	Souscriptions	Nombre	Souscriptions	Nombre	Souscriptions	Nombre	Souscriptions
		francs		francs		francs		francs		francs		francs
Budget général et caisses retraites	»	»	»	»	»	»	»	»	3	9.989.394 80	3	9.989.394 80
Cochinchine	2.435	9.250.225 81	21.610	2.766.175 99	3.541	1.288.821 10	27.586	13.305.222 90	4	2.411.718 75	27.590	15.716.941 65
Tonkin	2.600	11.167.584 80	12.716	2.212.678 70	619	229.146 50	15.935	13.609.410 00	2	1.695.980 65	15.937	15.305.390 65
Cambodge	695	1.700.499 95	4.522	730.513 05	2.104	521.377 80	7.321	2.952.390 80	1	31.984 75	7.322	2.984.375 55
Annam	617	1.541.441 19	6.780	1.015.908 56	398	78.333 10	7.795	2.635.682 65	»	»	7.795	2.635.682 65
Laos	188	298.804 45	1.391	219.331 35	102	16.292 50	1.681	534.428 30	1	205.800 00	1.682	740.228 30
Kouang-tcheou-Wan	61	43.855 00	18	3.344 00	131	145.346 05	210	192.545 05	»	»	210	192.545 05
Totaux	6.596	24.002.409 20	47.037	6.945.951 45	6.895	2.279.317 05	60.528	**33.227.677 70**	11	**14.334.878 95**	60.539	**47.562.556 65**
Pourcentage par rapport à l'ensemble des souscriptions	10,9 %	50,4 %	77,7 %	14,6 %	11,4 %	4,8 %	100 %	69,8 %	»	30,2 %	100 %	100 %
Pourcentage par rapport au total des souscriptions privées	»	72,2 %	»	20,9 %	»	6,9 %	»	100 %	»			

année-ci et il y en aura un autre gigantesque, le plus formidable de tous, l'emprunt général de liquidation.

1° — *Observations.* — Les résultats magnifiques, inespérés, de l'emprunt de 1917 en Indochine sont dûs tout d'abord et surtout au vibrant patriotisme des populations française et indigène, à leur dévouement complet, absolu, intégral à la Mère-Patrie. Est-ce parce qu'on est plus loin d'elle, est-ce parce qu'on est plus isolé, est-ce parce que le climat est plus rude et la vie plus difficile, nulle part comme ici on n'a la passion de la France. C'est l'hommage à ce patriotisme exacerbé par les dangers de novembre 1917 qu'on lit dans toutes les lignes de ces remerciements émus du Chef de la Colonie.

Saigon, le 22 décembre 1917.

Le Gouverneur Général à MM. le Gouverneur de la Cochinchine, les Résidents Supérieurs de l'Annam, du Tonkin, du Cambodge et du Laos et l'Administrateur en chef du Territoire de Kouang-Tchéou-Wan.

Mon télégramme du 21 Décembre vous a fait connaître le chiffre total de la souscription de l'Indochine au troisième emprunt national. Cette souscription dépasse 47 millions et demi de francs. Elle est supérieure, à elle seule, aux souscriptions cumulées de 1915 et 1916.

Aucune parole ne saurait, plus éloquemment que ce résultat, attester le patriotisme de notre admirable France d'Asie et proclamer son inflexible volonté de « tenir » jusqu'à la fin du combat suprême qui donnera la victoire à nos armes.

Le Gouvernement de la République, par la voix du Ministre des Colonies m'a chargé d'exprimer à l'Indochine la haute satisfaction de la Patrie maternelle. Je vous demande, à mon tour, de porter ce témoignage aux populations dont vous avez la tutelle et d'en répandre la noble gratitude à travers les territoires confiés à votre autorité.

Je compte sur vous pour donner à ce remerciement collectif la force et l'ampleur qu'il doit avoir. Si chacun de vous, en effet, a mérité le juste hommage que je suis fier de lui adresser pour l'ardente initiative dont il a fait preuve dans la campagne de cet emprunt, nous avons, vous et moi, le commun devoir de saluer avec une émotion profonde, mieux encore avec un respect véritable, le magnifique exemple de patriotisme, de résolution et de sacrifice que nos administrés français et indigènes nous ont donné, dans un élan de générosité qui, je puis le dire, a dépassé nos prévisions.

La rude épreuve d'une lutte de plus de trois années, les charges dont elle a grevé toutes les bourses, les difficultés de la situation économique n'ont fourni à chacun, au lieu d'un prétexte à la moindre offrande, que l'occasion de donner au contraire plus qu'on attendait de lui. Du plus humble au plus aisé, tous ont tendu vers la Patrie le fruit de leur labeur, le meilleur de leur épargne, la lourde obole qui remplissait leur main de billon, d'argent ou de billets de banque. Générosité d'autant plus belle qu'elle a voulu rester plus obscure. Car dans l'immense anonymat de la souscription collective, l'origine ne sera pas plus connue de la poignée de *cents* du modeste travailleur que celle des cent mille piastres de tel souscripteur fortuné. Et c'est même la haute dignité de ces actes de patriotisme de demeurer inconnus comme le demeurent, sur le front de combat, les héroïsmes sans nombre de ceux qui sauvent nos destins.

Toutes les forces ici se sont unies, comme aussi toutes les consciences, toutes les volontés, toutes les croyances, dans une affirmation nouvelle de cette union sacrée qui reste, intangiblement, la loi souveraine du patriotisme indochinois. Colons, commerçants, industriels de tous les pays, fonctionnaires et agents de tous les services, prélats, missionnaires et pasteurs de tous les cultes, officiers et soldats de l'armée de terre et de mer, politiques de toutes les doctrines n'ont senti rayonner en eux que l'énergie sublime et profonde de cette fraternité française qui, jusqu'à la fin, nous soudera les uns aux autres comme un bloc d'acier défiant l'assaut du banditisme allemand.

Et tandis que l'inflexible volonté de vaincre a mobilisé ainsi, en Indochine, plus fortes encore qu'aux premiers appels, les ressources des fils de la Patrie, le loyalisme fidèle de ses enfants indigènes nous a donné à son tour le plus émouvant sujet de confiance et de fierté. Chacun de vous dans le pays qu'il administre, a constaté le vaste élan qui a porté vers les guichets du Trésor ou des Banques la foule spontanée des milliers et des milliers de souscripteurs annamites, cambodgiens et laotiens. Leur nombre, dans l'ensemble de la Colonie, comme dans chacun des pays de l'Union, est plus de cinq fois supérieur au nombre des souscriptions antérieures. La multitude de ces offrandes indigènes est l'hommage le plus éclatant aux bienfaits de la France protectrice. Notre Patrie, une fois de plus, constate que sa bonté ne fait pas ici des ingrats. Sur la terre de ses fils d'adoption, le bien qu'elle a semé lève partout en moissons d'amour et de force. Et le rayonnement de son génie est tel, qu'appelant vers sa noble clarté l'âme de ceux-là mêmes qui gardent sur le sol indochinois leur nationalité d'origine, il a suscité parmi nos hôtes étrangers une réponse empressée à l'appel de la France au combat.

Vous remercierez donc, au nom de la Patrie, tous ceux qui viennent de faire si dignement leur devoir. Mais cette obligation accomplie, nous n'aurions pas, vous et moi, rempli notre devoir propre si nous ne retenions la leçon qui se dégage pour nous de l'imposante manifestation de l'opinion publique indochinoise.

Cette leçon est claire et forte ; c'est un appel à l'action, une consigne de travail, un mot d'ordre de persévérance dans l'effort de progrès, de justice, de réforme, de création féconde par lequel nous devons sans cesse accroître, pour la France et pour tous ses fils, la valeur morale et matérielle du domaine indochinois. Si l'union puissante et vivace dont le patriotisme de nos administrés nous donne l'exemple, est pour nous un sujet de confiance, elle nous signifie avec netteté que cette confiance ne sera gardée qu'à ceux qui sauront la mériter. Nous ne la mériterons qu'en redoublant, dans une collaboration chaque jour plus confiante et plus étroite avec tous, colons, fonctionnaires, indigènes, la vigilante énergie et le dévouement sans réserves au labeur que la Patrie et l'Indochine attendent de nous.

ALBERT SARRAUT

Mais il est une chose que le Gouverneur Général n'a pas dite, peut-être parce qu'il l'ignorait, en tous cas parce qu'il ne pouvait pas la dire, c'est que les sympathies très vives qu'il s'est acquis dans ce pays ont été pour une bonne part dans l'élan des souscripteurs qui ont ainsi mis d'accord leur devoir patriotique et leurs inclinations propres. On savait dans les milieux européens et indigènes que M. Albert Sarraut s'était fait un point d'honneur d'assurer à l'emprunt un succès éclatant et qu'il voulait voir l'Indochine, que les douleurs et les misères de la Guerre ont épargnée, manifester de façon éclatante son attachement à la Mère Patrie. Il est bon de dire que le dévouement à la personne du Chef de la Colonie et l'adhésion aux idées libérales dont il s'est fait le champion, ne sont étrangers ni à l'ampleur des souscriptions des grands commercants européens, des colons et des fonctionnaires, ni au nombre prodigieux des souscripteurs indigènes.

Cet important coefficient d'action personnelle n'aurait certainement pas eu d'effet aussi complet si une publicité active ne s'y était surajoutée. L'expérience faite par le Gouverneur Général vient d'en démontrer l'utilité. On reproche parfois au Chef de la Colonie d'abuser quelque peu du talent de parole dont la nature l'a doté, comme s'il était facile au Chef de la Colonie « d'agir », quand il traîne après lui, sous le harnais des règlements, le poids énorme de services mastodontes ?

Pour une fois qu'il avait les mains libres, M. Albert Sarraut n'a pas voulu laisser échapper l'occasion qui s'offrait à lui de prêcher d'exemple et de mettre en pratique les conseils qu'il a donnés à chacun. Et dans cette énergique campagne pour faire pénétrer plus profondément dans les esprits la notion du devoir qui s'impose à tous dans les heures tragiques que nous traversons, il s'est montré une fois de plus homme d'action, et de décision, et de réalisation.

2o—*Mesures d'avenir.* —Pour que des opérations financières de la nature de celle qui vient d'être réalisée puissent l'être à nouveau avec succès, il importe de prendre deux mesures dont les faits ont montré la nécessité.

En premier lieu, la période de préparation d'un prochain emprunt devrait être allongée par une sorte de préavis qui parviendrait à la Colonie dès le dépôt du projet de loi et qui permettrait le déclanchement en temps utile de tous les moyens de publicité. L'Indochine a montré que son concours n'était pas négligeable ; elle ne demande qu'à l'augmenter, encore serait-elle heureuse qu'on lui en facilitât les moyens.

On n'envoie pas des brochures, des affiches, etc. de Saigon à Vientiane, ni même à Quinhon et Hué, comme on pourrait le faire de Dunkerque à Perpignan. A la Colonie il faut du temps. On a très justement remarqué en décembre 1917, que c'est précisément au moment où l'effet de la propagande portait ses meilleurs fruits que l'emprunt a été clos. Il a donc été en partie gaspillé. — Il serait désirable que la Métropole tînt compte de ce vœu.

En deuxième lieu, il faudrait que le Gouvernement de l'Indochine étudiât, de concert avec le Département des Finances, la création d'un organisme quelconque grâce auquel pourraient être négociés dans la Colonie les ventes et les achats des titres de rente au porteur. C'est là, d'ailleurs, une question à laquelle le Gouverneur Général appliquerait, dit-on, déjà l'effort de sa réflexion.

En effet, par les trois emprunts de 1915, 1916, et 1917, 90.000.000 de francs ont été en Indochine transformés en titres de rente, sur lesquels 60.000.000 de francs proviennent de souscriptions privées. C'est là une immobilisation considérable pour un pays neuf dont la pénurie de capitaux retarde seul le développement. Bien qu'une bonne moitié des titres représentatifs de ces 90.000.000 de francs aient dû demeurer en France, il faut que sur l'autre moitié des transactions puissent s'opérer en Indochine même, normalement, légalement ; il faut que les porteurs puissent à leur gré acheter, vendre, emprunter, sinon on arrivera rapidement à un point de saturation qui risquera de rendre impossible à la Colonie tout nouvel appel au crédit, sans préjudice de tous les dangers qui peuvent résulter d'un engorgement de valeurs pour la santé économique du pays.

Enfin, enfin... car il ne faut point se bander les yeux pour ne point voir, mais au contraire envisager l'avenir d'un regard clair et froid ; les besoins financiers de l'avenir seront tels, qu'il convient dès à présent de préparer une refonte générale des contributions qui devront être considérablement augmentées. Très heureusement la situation de la Colonie est à ce point de vue très favorable ; les sacrifices consentis par les contribuables indochinois sont très légers comparativement à ceux exigés des contribuables des pays voisins. On peut leur demander davantage ; on le leur demandera : nous devons à la Patrie tout notre sang et tout notre or.

L'Indochine est fière du concours qu'elle vient d'apporter aux finances de la Métropole.

Elle est prête au premier appel, au premier signe, à donner toutes ses richesses et tous ses enfants.

A. TOUZET

www.ingramcontent.com/pod-product-compliance
Ingram Content Group UK Ltd.
Pitfield, Milton Keynes, MK11 3LW, UK
UKHW032008260826
14628UKWH00005B/2363

9 782012 940642